대신 울어주는 여자

AI시대, 마지막 인간 이야기
대신 울어주는 여자

지은이 김선주
발행일 2025년 11월 01일

펴낸이 최선화
펴낸곳 도서출판 등과 빛
주소 부산광역시 동구 중앙대로260번길 3-11
전화 051-803-0691
등록번호 제335-제6-11-6호.(2006년 11월 8일)
　　　　제2017-000005호.(2017년 11월 19일)

저작권ⓒ도서출판 등과 빛, 2025
ISBN 978-89-93647-53-2 (03230)

저자와의 협약에 의하여 인지를 생략합니다.
이 출판물은 저작권법에 의해 보호를 받는 저작물이므로 무단전재 · 무단복제를 금합니다.

값 17,000원

AI시대, 마지막 인간 이야기

대신
울어주는
여자

김선주 지음

| 알림 |

본서는 본용언과 보조용언은 띄어쓰기로 통일했으나, 두 행위의 동시성과 연속성을 강조하기 위해 제목 '대신 울어 주는 여자'를 '대신 울어주는 여자'로 붙여쓰기 하였습니다.

추천사

종교 너머의 종교

나는 김선주 목사님이 페이스북에 올리는 글을 빠짐없이 읽고 있습니다. 그때마다 그 뛰어난 문장력과 예리한 통찰에 감격합니다. 그런 김 목사님이 내게 추천사를 부탁하였습니다. 내 추천사가 역효과가 나지 않을까 걱정이 되기도 했지만, 김 목사님의 책에 추천사를 쓰는 영광을 거부할 수 없었습니다.

아하!
나는 이번 책도 당연히 종교에 관한 주제가 아닐까, 생각했습니다. 그런데 막상 읽어 보니 처음 한참 동안은 직접 종교 문제를 다룬 글이라기보다 그가 일상에서 겪은 일들, 그리고 지금도 겪고 있는 일들을 세심하게 관찰하고 그 뒤에 담긴 뜻을 파고드는 글들이었습니다. 처음 얼마 동안은 특별히 종교적인 글이라고 할 수 없을 것 같았습니다.

그런데 후반부에 들어가면서 이야기가 본격적으로 종교 색채를 띠기 시작합니다. 놀라운 반전입니다. 물론 기성 교회에서 가르치고 주장하는 그런 종교 이야기는 아닙니다.

나는 재래 종교가 힘을 잃고 있는, 탈종교화 시대에 종교가 해야 할 일은 일상을 새로운 눈으로 보고 새롭게 경험할 수 있도록 돕는 것이라 강조해 왔습니다. 조금만 눈을 뜨고 보면 우리 주위에, 그리고 우주에 '아하!' 하고 놀라워할 것들이 얼마나 많은가. 이런 것들을 대하며 감탄과 경외심을 가질 줄 아는 마음을 길러 주는 것, 나아가 나와 자연과 우주가 결국 하나라는 사실에 눈뜨게 해 주고, 궁극적으로 거기서 기쁨과 의미를 찾도록 해 주는 것, 이것이 내가 바라는 새로운 종교입니다. 이른바 Aweism 혹은 'Ahaism'을 중심으로 하는 종교입니다. 그런데 이 책에서 보여 주는 김 목사님의 종교관이 여러 면에서 나와 많이 닮았다는 데 놀라움을 금할 수 없습니다.

특별한 종교

뒷부분 여러 글에도 나타나 있지만 특히 "생각 없는 생각의 문이 열리다"라는 글에 이런 생각이 짙게 배어 있습니다. 어느 날 계룡산 계곡을 걷다가 물이 너무 맑아 잠시 손을 담갔는데, 그 순간 온몸의 감각 기관이 열리면서 맑고 시원한 물이 그의 몸을 관류하는 것을 느꼈다고 합니다. 그다음에 나오는 말을 잠깐 인용해 봅니다.

> 더 깊은 계곡으로 들어가 이번에는 발을 담갔는데, 나와 물이 분리된 타자가 아니라 하나로 흐르기 시작하였습니다. 세상의 모든 경계가 사라졌습니다. 눈을 감고 마음의 생각을 비우니 물이 흘러 우주의 바다로 나아가는 게 느껴집니다. 마음에 평화가 가득하고 영혼에 향기가 충만해졌습니다. 무한하고 무한하며 깊고도 오묘한 세계, 존재의 기쁨으로 충만한 우주에 몸을 던지고 중력으로부터 자유롭게 된 상태로 떠 있었습니다. 마음은 더없이 기쁘고 세상은 더없이 사랑스럽습니다. 나뭇가지 사이로 출렁이는 초록빛이 보석처럼 신비합니다.

글을 읽으며 아인슈타인이 생각났습니다. 그는 우주에서 발견되는 신비의 일부분이라도 보고 놀라워할 줄 아는 마음이야말로 참된 의미의 종교성이라고 했습니다. 이런 놀라움을 느낄 줄 모르는 사람은 죽은 사람이라고 하면서, 이런 놀라움을 아는 자신이야말로 "심오하게 종교적(profoundly religious) 인간"에 속한다고 하였습니다. 그는 심지어 우리가 우주 전체와 하나라는 생각이 없이 전체와 분리된, 독립적이고 개별적인 존재라고 여기는 마음이야말로 "시각적 착각(optical delusion)"이라고까지 말했습니다. 진정한 종교는 이런 시각적 착각을 없애기 위해 노력하는 것이라고 했습니다. 김 목사님의 글에는 시대를 뛰어넘어 우주와 세계를 볼 줄 아는, 혜안(慧眼)이 열린 사람들에게 있는 공통성이 있습니다. 아인슈타인이 생각나는 것은 그 때문입니다.

앞부분의 글도 결국 종교적인 글이었구나!

이렇게 보면 종교와 직접 관계없는 것같이 보이는 앞부분의 글들도 특수한 의미에서 종교적인 글이라 할 수 있습니다. 우리가 당연하게 여기고 지나치는 일상사에서 발견되는 일들을 눈여겨보고 거기에서 특별한 의미, 심지어 '신비의 일부'를 찾아 주는 글들이기 때문입니다. 따라서 이 책에서 시종일관 암시하고 있는 종교야말로 오늘 우리에게 필요한 "종교 너머의 종교"라 할 수 있습니다.

이 책을 읽는 모든 분에게 통속 종교를 뛰어넘어 심층적 종교 경험에 동참하는 기쁨이 있기를 바랍니다.

오강남 교수

책머리에

나는 마지막 인간입니다

너무 빠르고 정확한 시대입니다. 하지만 인간은 느리고 부정확합니다. 컴퓨터와 스마트폰, IT와 AI로 이어지는 무서운 변화의 속도 앞에 인간이란 무엇인가를 다시 묻습니다. 기계(AI)가 가질 수 없는 인간의 고유성을 탐색해 봅니다. 가난, 슬픔, 감동, 아픔, 불안, 두려움, 외로움, 어머니, 하나님, 죽음 같은 말들로 인간에 대해 질문합니다.

이 질문 안에는 과거 1만 년의 역사가 있습니다. 나의 짧은 생애는 농경문화와 산업사회, 인터넷 혁명과 IT 혁명, 그리고 AI 혁명으로 이어지는 1만 년 역사와 문화가 압축되어 있습니다. 나는 날마다 인터넷에 드나들며 AI를 경험합니다. 하지만 햄릿과 라스콜니코프와 바리데기가 내 안에 있습니다. 그들은 인간의 슬픈 운명에 대해 나에게 말합니다. 그럼에도 불구하고 인간 안에서 인간을 보는 일을 멈추지 말라고 이야기합니다. 그것이야말로 거룩한 종교적 행위라고 예수는 말합니다.

가난은 사회 경제적 불평등에서 기원하지만, 그것은 존재의 속살을 드러냅니다. 슬픔, 고통, 불안, 두려움, 외로움 같은 것들은 대부분 존재의 심연에서 발원합니다. 어머니, 하나님은 인간의 기원과 운명에 관한 감각이며 존재의 뿌리를 향해 난 길입니다. 바리데기의 고난은 그 질문으로부터 시작됩니다. 그 때문에 햄릿은 선택 장애를 겪고 라스콜니코프는 정신이 분열됩니다. 하지만 이런 것들은 사람이 물리적으로 결합된 생물학적 기계가 아니라, 신령한 존재라는 사실을 말해줍니다.

오류를 범하고 후회와 성찰을 한 뒤에 오류를 또 반복하는 존재, 외로움과 두려움에 절절매는 존재, 망상에 빠지며 미신에 사로잡히는 존재, 거짓말을 하고 진실을 찾기 위해 애쓰는 존재, 분열되고 치유되는 존재, 초월적 신비를 경험하는 존재, 이것이 인간입니다. 하지만 이것은 기계에 대비되는 인간의 무능이 아니라 기계가 경험할 수 없는 인간만의 고유성입니다. 이것은 인간을 괴롭히기도 하지만 존재를 풍성하게도 합니다.

나는 어쩌면 인간의 고유한 특성이 베푼, 영감으로 가득한 삶을 살고 있는 마지막 세대인지도 모릅니다. 생물학적 감각과 초월적 감각, 우주적 심성과 신화적 서사를 통해 우주와 생명을 느끼는 마지막 세대인지도 모릅니다. 여기에 있는 이야기들은 그 마지막 인간이 먹고 자란, 풍요로운 삶의 영양소입니다.

나는 마지막 인간입니다. 나의 인간 됨은 신령한 사람(Homo Spiritus)에게서 옵니다. 이것은 마지막 인간의 종교적 영감으로 쓰인 책입니다.

2025년 10월

김선주

차례

추천사 | 종교 너머의 종교 • 005
책머리에 | 나는 마지막 인간입니다 • 009

1부 | 제일 느리게 가는 기차

바바직또 • 016
베름빡 암각화 • 021
야만의 따뜻한 얼굴 • 025
아버지 안에 소가 살고 있었다 • 028
젓갈처럼 곰삭은 여인 • 031
말을 벗으라 • 034
워뗘, 괜찮여? • 037
수(數)는 영혼을 잠식한다 • 041
바람 부는 날엔 장생포에 가야 한다 • 047
유월엔 마늘에서 크레파스 냄새가 난다 • 051
수국을 보면 눈물이 난다 • 055
양철지붕과 댜댜 얘기 • 058
골목길, 시선이 만들어 낸 사건들 • 062
녹아내리는 시간 • 067
끙끙 앓는 엄마 • 072
제일 느리게 가는 기차 • 076

2부 | 바다가 보이지 않는 구간을 지날 때

대신 울어주는 여자 • 080
아카시아나무 아래서 웬수를 만나다 • 085
너는 버찌가 왜 열렸는지 아냐? • 090
사는 게 힘들 땐 생마늘을 먹으라 • 093
아버지의 별 • 096
터 • 099
세상의 모든 귀신은 골목에 산다 • 104
바다가 보이지 않는 구간을 지날 때 • 108
떠날 때, 이야기는 시작된다 • 111
너무 외로울 땐 기형도를 마신다 • 117
남자는 언제 철드는가 • 121
이발소에서 십만 대군을 만나다 • 125
예언자적 백수 • 129
별을 보는 기쁨 • 132
아무도 위로해 주지 않을 땐 중경삼림을 본다 • 135
눈 오는 날의 만가(輓歌) • 138

3부 | 영원을 사모하다

빔, 그리고 새터 이발소 • 144
번데기 십 원어치 • 148
영원이라는 순간 • 152
부존재의 존재 증명 • 156
나는 왜 하나님을 믿는가 • 160
걸레가 된 교수 • 163
졌냐, 이겼냐, 이것이 문제다 • 167
글짓기, 밥 짓기, 김치 담그기 • 172
초식동물을 위한 복음 • 175
감동하는 사람이 아름답다 • 179
존재에서 관계로 • 185
생각 없는 생각의 문이 열리다 • 189
나는 소비된다, 고로 존재한다 • 193
개의 것은 개에게, 사람의 것은 사람에게 • 197
떨림과 울림 • 201
사랑할 때 가장 아프다 • 206

4부 | 삶은 어떤 맛인가?

가해자의 구원의식 • 212
일상으로서의 영성 • 216
그대의 깡통이 있는 곳에 그대의 마음이 있다 • 221
열네 살, 나는 절름발이였다 • 226
분노하지 않는 사랑은 사랑이 아니다 • 229
나는 술집에서 성경을 터득했다 • 232
겨울 우화-영원한 시간 속으로 • 235
토끼에게 영혼을 허하라 • 239
성경만 보는 바보 • 244
국밥집에서 생긴 일 • 248
나의 애정은행, 성갑순 할머니 • 254
교회 사람들은 왜 서울 순대만 좋아할까? • 258
네안데르탈인의 하나님 • 262
하나님이라는 괴물 • 267
네가 왕이냐? • 271
삶은 어떤 맛인가? • 276

1부

제일 느리게 가는 기차

바바직또

엄마는 문맹으로 문명의 바다를 건너야 했습니다. 빈곤한 가정 살림 때문에 학교 근처에도 못 가봤습니다. 문맹으로 문명의 바다를 건너야 할 운명이었던 게지요. 하지만 엄마는 어릴 때부터 교회학교를 열심히 다니며 성경 읽는 법을 배웠습니다. 다행히 성경이 한자(漢字)가 아닌, 한글로 되어 있어 어머니는 눈을 열 수 있었습니다. 어머니는 한글을 깨친 게 아니라 성경 읽는 법을 배운 것입니다. 한글을 배우기 위해 성경을 읽은 게 아니라 성경을 읽기 위해 한글에 눈이 열려야 했습니다. 성경 읽는 것을 제일 목적으로 삼았으니 읽는 것으로 만족할 수밖에 없었습니다. 글을 쓰는 법은 깨치지 못한 것입니다. 읽을 수 있는 글자들을 발음 기호에 맞게 그리는 정도의 쓰기만을 어렴풋이 할 수 있었던 게지요.

한글 성경을 읽는 눈으로 엄마는 시계를 보고, 달력을 보고, 버스를 타고, 셈을 하고, 설교를 듣고, 선거에서 누구를 찍어야 할지 알 수 있었습니다. 팔순을 넘긴 나이에도 정부에서 제공하는 복지 혜택을 세심하게 챙길 줄 압니다. 면사무소 복지 담당자에게 조곤조곤 물어서 필요한 서류들을 챙겨 제출하고, 은행에서 입출금은 물론 카드 발급과 사용 등을 능숙

하게 합니다. 주민번호 열세 자리와 주소를 외우고 자식 며느리 손주들, 시동생과 동서들, 친정 식구들의 전화번호와 주소를 빽빽하게 적은 공책을 가보처럼 다룹니다. 엄마의 그 공책은 상형문자들로 가득 찬 고고학 유물 같습니다.

공무원들이 실수하거나 경우에 없는 말을 하면 야무지게 따져 묻고 자기 권리를 주장합니다. 성경을 읽는 눈이 열렸기 때문입니다. 선거철이 되면 후보자들의 공약이 담긴 홍보물을 방바닥에 번호대로 펼쳐놓고 꼼꼼히 읽습니다. 모르는 단어가 나오면 나한테 묻기도 합니다. 누가 정직하고 똑똑한 사람이냐고 묻습니다. 한글이 아니라 성경 읽는 눈이 열렸기 때문입니다.

성경은 엄마에게 한글만 깨치게 해 준 게 아닙니다. 무엇이 올바른가에 대한 가치와 세상의 중요한 이치들을 깨우쳐 주었습니다. 텃밭에 호박이 왜 열리는지, 아침해와 저녁달이 어떻게 뜨는지, 사람과 짐승이 어떻게 만들어지고 어떻게 살아가는지, 그리고 우리가 살아가는 방식이 어떠하며 사람된 도리를 어디서 찾아야 하는지 엄마는 알고 있습니다. 그런 것들이 우연에 의한 진화 과정이 아니라 하나님이 통치하는 원리 안에서 발생하는 일이라는 걸 압니다. 문자를 읽는 눈이 아니라 성경을 읽는 눈이 열렸기 때문입니다. 거칠고 지친 노동의 날들 가운데도 엄마는 예배를 빼먹지 않았습니다. 주일예배와 수요예배, 구역예배, 새벽예배까지 한 번도 빠지지 않았습니다. 엄마의 몸은 오래 단련된 무쇠솥이 따뜻하고 기름진 쌀밥을 지어내듯 식지 않는 믿음을 지어냈습니다.

새벽에 밭에 갔다 늦은 저녁에 집에 들어오면 그때부터 가사노동이 시작됩니다. 엄마는 제일 먼저 일어나 식솔들을 위해 밥부터 지어야 합니다. 무쇠솥에 보리쌀을 안치고 아궁이에 불을 지피고 나면 그 짬을 이용해 반찬을 만듭니다. 전기밥솥이나 냉장고가 없던 시절이니 하루 세 끼를 매번 밥과 반찬을 해야 했습니다. 보통 바지런하고 손이 빠르지 않으면 안 되는 게 그 시절 엄마들의 살림이었습니다.

그 와중에 엄마에게 잠깐 찾아오는 짬이 있습니다. 밥이 한소끔 끓고 나면 아궁이의 불을 끄고 기다려야 합니다. 가마솥의 보리들이 숙성되기를 기다리는 그것을 뜸 들인다고 합니다. 밥을 뜸 들이는 시간에 엄마는 가끔 아궁이 앞에 쪼그려 앉아 있습니다. 기껏해야 10분 내외 되는 시간입니다. 그때 엄마는 부엌 바닥에 부지깽이 숯으로 글씨를 썼습니다. 엄마에게 익숙한 단어들, 하나님, 예수님, 십작아, 아버지, 으녜(은혜), 창새기(창세기) 같이 익숙한 성경의 단어들을 까만 숯 글씨로 아궁이 앞 흙바닥에 상형문자처럼 그렸습니다.

해가 긴 여름날은 학교를 마치고 집에 돌아와도 먹을 것이 없었습니다. 아이들과 기껏해야 야생 열매나 뻐꾸기, 삐비, 찔레순 같은 들풀을 뜯어 먹는 게 허기를 달래는 유일한 수단이었지요. 엄마가 밭에서 돌아와 밥을 지을 때까지 굶주려야 했습니다. 기린 목처럼 긴 여름날 오후의 시간은 빈곤이 가져다주는 허기와 외로움과 싸워야 했습니다. 엄마가 밭에서 돌아오면 우리 4남매는 빚쟁이처럼 달라붙어 '엄마, 나 배고파'를 연발했습니다. 엄마가 밥을 짓는 그 짧은 시간에도 풀방구리에 쥐 드나들 듯 부엌을 드나들며 칭얼댔습니다.

그런데 어느 날은 내가 모르는 말이 부엌 바닥에 고대 이집트 상형문자처럼 쓰여 있었습니다. 부엌의 흙바닥에 '바바직또'라고 알 수 없는 말을 그려 놓은 것입니다. 그것은 내 기억으로 엄마의 상형문자가 처음으로 성경 밖으로 나온 사건이었습니다. 그게 무슨 뜻인지 알고 싶은 마음보다 배가 고픈 그 상태가 나를 압도했기 때문에 그게 무슨 뜻이냐고 물을 기력도 없었습니다. 하지만 그 단어는 눈썹 짙은 사내처럼 숯검댕이 글씨로 내 기억에 뚜렷한 인상으로 남아 있었습니다. 먼 후일에 엄마에게 물었습니다. 그때 엄마가 '바바직또'라는 글자를 부엌 바닥에 쓴 거 기억하냐고. 엄마는 기억하고 있었습니다. "니가 저녁만 되면 쫄랑쫄랑 따라댕김서 바바직또 안 됐냐고 칭얼댔잖어."

그렇습니다. 그 상형문자 '바바직또'는 어린 자식이 허기져서 칭얼대며 '밥 아직도 (안 됐냐)'를 연발하던, 철부지의 말이었습니다. 그러고 보니 굳이 뜸 들이는 시간에 밥솥 앞에 앉아 있지 않아도 되었는데 엄마는 그 바쁘고 분주한 시간에 밥솥을 지키고 앉아 있었습니다. 허기져서 칭얼대는 어린 자식들에게 한시라도 빨리 밥을 멕이고 싶은 간절하고 조급한 마음으로 그 자리를 지키고 있었던 것입니다. 그 짧은 시간이 엄마에게도 벽돌책처럼 두껍고 지루하게 흘렀던 것이지요. 나만 허기진 게 아니라 엄마도 피곤하고 늘어지고 허기지긴 마찬가지였을 것입니다. 하지만 엄마에겐 자신의 허기보다 어린 자식의 허기가 더 허기졌던 것입니다. 그래서 엄마는 가마솥에 독촉하는 마음으로 아들의 칭얼대는 말을 주문처럼 받아 적었던 것입니다.

'바바직또'는 엄마가 밥솥에 거는 주술이었습니다. "거북아, 거북아, 머리를 내어라."라고 협박하며 노래했던 가락국 백성처럼 밥솥을 향해 빨리 밥을 지어 내라고 불렀던 주술요(呪術謠) 같은 것이었습니다. 부엌 바닥에 검게 그린 그 글씨에 엄마의 허기와 외로움과 가난과 눈물과 사랑과 연민이 고여 있었던 겁니다. 바바직또를 그리는 그 짧은 시간에 자식을 향한 웅숭깊은 사랑이 한없이 출렁이고 있었습니다. 허기진 어린 자식에게 따순 밥을 빨리 멕여야 할 텐데, 이놈의 솥은 '바바직또 안 됐냐'고 엄마는 애꿎은 솥에게 보채고 보챘던 것이지요.

엄마가 부엌 바닥에 그려놓은 '바바직또'는 인류 역사에서 가장 오래된 상형문자였습니다. 자식을 향한 엄마의 마음은 세상에서 가장 오래된 상형문자입니다. 하지만 이 문자는 자식이 엄마가 됐을 때 비로소 해독할 수 있습니다.

베름빡 암각화

나는 베름빡에서 태어났습니다. 베름빡이 나를 낳았고 베름빡이 나를 길렀습니다. 베름빡의 표준어는 바람벽입니다. 바람벽은 서울이라는, 중앙을 기반으로 살아가며 교양 있는 척하는, 권력구조가 만들어 낸 개념어입니다. 바람벽은 바람을 막기 위해 세워진 벽(壁)이라는 사전적 의미를 갖습니다. 하지만 베름빡은 하나의 단어가 아니라 서사입니다. 바람벽이라는 단순한 개념을 넘어 숱한 시간과 인간사가 그곳에 눌어붙어 집이 되고 우주를 이룹니다. 바람벽엔 개념이 있고 베름빡엔 서사가 있습니다.

태어나고 성장하고 늙고 죽어가는 인생살이에서 파생되는 수많은 일들이 암각화(巖刻畵)처럼 새겨진 곳이 베름빡입니다. 부둥켜안고 살 부비며 살아가는 가족들이 목구멍과 콧구멍과 눈구멍과 땀샘에서 배출하는 소리와 냄새와 체액들이 농축되어 눌어붙은 곳이 베름빡입니다. 베름빡은 내가 이 땅에 첫울음을 우는 소리를 들었습니다. 나의 탯줄이 잘릴 때 베름빡이 기기 서 있었습니다. 어머니의 젖을 빨고 옹알이를 하며 형제들과 한 무더기 잠을 잘 때 베름빡은 우리를 품고 있었습니다.

싸락눈이 싸락싸락 쌓이는 깊은 겨울밤 소리를 듣고 꺽정이처럼 격정에 찬 아버지 코 고는 소리를 듣고, 마루 밑의 강아지가 꿍꿍대는 소릴 듣고, 사랑채 곁에 있는 감나무 삭정이에 바람 지나가는 소릴 들었습니다. 잠꼬대가 심한 셋째의 뒤척이는 모습을 지켜봤고 옹기종기 한 이불을 덮고 자는 우리 남매들이 개꿈 꾸는 걸 지켜봤습니다. 그리고 할머니의 숨이 지는 마지막 소리를 베름빡이 들었습니다. 베름빡에는 우리의 삶이 있고 이야기가 있습니다. 베름빡은 바람을 막기 위한 기능으로써의 장치가 아니라 가족 서사입니다.

베름빡은 가족이었습니다. 너무 가까이 있어 그 존재를 느낄 수 없지만 없어지면 그 빈자리가 견딜 수 없는, 근친자(近親者)였습니다. 우리의 숨소리와 말 없는 속뜻을 다 품고 세상의 험한 바람으로부터 의연하게 우릴 막아 주는 아버지였습니다. 베름빡에는 살과 피가 있습니다. 그 살과 피는 가족이라는 이름으로, 형제라는 이름으로 운명 지워졌던 사람들의 서사입니다. 그렇습니다, 가족과 형제는 하나의 이야기입니다. 가족은 같은 서사를 공유한 사람들의 운명으로 만들어진 결사체입니다.

형제라는 말을 운명처럼 사용하는 것은 그 피가 동일한 유전자를 공유하고 있어서가 아닙니다. 어머니의 자궁이라는 하나의 벽 안에서 태어나듯, 하나의 벽 안에서 한솥밥을 먹고, 무더기 잠을 자고 골목다툼에서 한패가 되며 해가 지면 같은 지붕 아래로 돌아오는 사람들이라는 뜻입니다. 가족을 만드는 것은 혈연이 아니라 서사입니다. 사람은 이야기를 구성하는 한 부분일 뿐입니다. 그러므로 형제라는 말은 피를 나눈 운명적 관계라는 뜻이 아니라 서사를 만들어 가는 사람들이 서로에게 끌리는 근친성을 말합니다.

베름빡 아래 서사를 만들어 간 사람들은 운명적으로 근친성을 느끼고 서로에 대한 책임과 연대를 죽을 때까지 지속합니다. 서사는 피보다 진합니다. 1년 내내 소식 한번 전하지 않는 혈육보다 자주 소식을 전하며 서로의 삶에 대해, 내밀한 속마음에 귀 기울여 주는 사람이 근친성이 훨씬 높습니다. 형제의 조건은 이야기를 공유하고 있는가, 삶이 공유되고 있는가에 있습니다.

초대 교회의 문서들을 보면 이 형제라는 말이 기독교 신조를 받아들인 사람들이라는 현대의 뜻과 달리 예수의 삶과 죽음과 부활이라는 서사를 공유한 사람들이라는 의미가 더 크게 작용했던 것으로 보입니다. 형제(자매)를 말하는 그리스어 아델포스(ἀδελφός)는 '하나'를 뜻하는 접두어 아(α-)와 자궁을 뜻하는 델포스(δελφυς)가 합쳐진 말입니다. 즉 하나의 자궁(어머니)에서 태어난 사람이란 뜻입니다. 하지만 이 육체적이고 생물학적인 형제 관념이 초대 교회에서는 예수의 서사를 공유한 사람들이라는 의미로 확장됩니다. 그렇습니다, 교회는 하나의 서사 안에서 한 꿈을 꾸는 베름빡 공동체입니다.

베름빡 공동체는 서로에 대한 책임과 연대 의식으로 연

결되어 있습니다. 그래서 성격이 다르고 이해관계가 달라도 서로에 대한 신의(信義)를 저버리지 않았습니다. 하나님을 향한 믿음과 예수 그리스도를 향한 고백 못지않게 서로를 향한 신의를 지키며 살던 사람들이 '형제'라 부르는 베름빡 공동체였습니다.

이제 베름빡은 사라지고 콘크리트 바람벽만 남게 됐습니다. 베름빡 아래서 서사를 만들어 가던 형제들은 이제 신의보다 자기 이해관계에 따라 표변합니다. 형제도 없고 신의도 사라졌습니다. 베름빡 아래 웃고 울며 밥상을 나누던 따뜻한 서사는 사라지고 자로 잰 듯 규격화된 콘크리트 바람벽처럼 도구화된 이성(理性)만 남았습니다.

베름빡의 색 바랜 벽지 속에서 스멀스멀 기어 나오던, '가족'이라는 이름의 눅눅한 사람 냄새도 이젠 기억의 암각화로만 남아 있습니다.

야만의 따뜻한 얼굴

뭐시기라고 불렀습니다. 진짜 이름이 있었을 테지만 동네 사람들은 그를 그렇게 불렀습니다. 그렇게 부르는 이유에 대한 설이 두 가지 있었습니다. 하나는 이 아저씨가 무슨 말만 하면 생각 없이 버버거리다가 말이 막힐 양이면 '뭐시기, 뭐시기'를 연발했다고 해서 그게 별명이 됐다는 설입니다. 또 하나는 이 양반이 일자무식인 데다 말을 생각 없이 내뱉는 버릇이 있어 머리에 든 것이 없는 사람이란 뜻의 '무식이'가 변해 뭐시기가 됐다는 설입니다.

어쨌든 내 기억에 이 뭐시기 아저씨는 가끔 엽기적이긴 해도 털털하고 수더분하고 인심 좋은 사람이었습니다. 길거리에서 만나면 애들한테도 아무 때나 인심 좋은 바보처럼 씨익 웃어 주고 솥뚜껑같이 큰 손으로 머리통을 한번 흔들어 주고 지나갔습니다. 간혹 길거리에서 마주치면 국정감사를 하듯 도발적인 질문을 던지기도 했습니다. "너, 다마(구슬) 몇 개여 임마!" 하고 흰자위를 최대한 키운 눈알을 얼굴 바짝 들이밀기도 했습니다. 당황해서 "어, 어, 없는디요?"라고 더듬거리며 뒤로 물러서면, 검지로 샅을 푹 찌르고 들며 "야, 시키야, 이건 다마 아녀? 두 개잖여! 하나둘도 못 시는 겨? 나이가 몇 갠디, 헐헐헐…."

　어린 우리는 그런 그의 태도가 친근하고 따뜻했습니다. 하지만 그것은 격의 없이 애들하고 놀아 줄 만큼 인격이 성숙해서가 아니라 사람이 모자랐기 때문이라는 것을 우리는 눈치채고 있었습니다. 그래도 그의 인간미가 좋았습니다. 그는 예의와 격식을 따져 가며 애들을 훈육하려 들지도 않았고 어른 행세하려고 겉치레 말을 하지도 않았습니다. 그는 술에 취하면 아무 데나 오줌을 갈기고 퍼질러 앉아 알아들을 수 없는 소리로 해가 질 때까지 떠들었습니다. 아낙들이 있는 데서 두 다리를 있는 대로 벌리고 앉아도 부끄러운 줄 몰랐습니다. 뭐시기 아저씨는 어른들의 잔소리와 강요되는 규범으로부터 자유로워지고 싶어 하는, 아이들의 이상적인 인간상이었는지도 모릅니다. 그는 어른들의 세계에서 일탈한, 자유분방한 어른애였습니다.

　하지만 그 어른애가 가끔 무서울 때가 있었습니다. 마을에 초상이 나거나 잔치가 있을 때, 그리고 명절이면 으레 돼지를 잡게 되는데, 그때마다 뭐시기 아저씨가 도살자로 나선 것입니다. 그가 도살자로 나서는 이유는 마을 사람들에게 인정받을 수 있는 유일한 능력이 그거였기 때문입니다. 그리고 또 다른 이유는 부산물을 먹을 수 있기 때문입니다. 간이나 지라는 날것으로 먹고 다른 내장류는 삶아서 술안주로 먹을 수 있는 권한이 도살자에게 주어졌습니다. 그는 보잘것없는 부산물을 얻기 위해 손에 피를 묻히며 칼질을 마다하지 않앉습니다. 손에 피를 묻힐 때마다 그는 대접을 받았고, 그날만은 아낙들의 환심을 살 수 있었습니다. 뭐시기라 천대받던 그에게 막걸리 사발이 먼저 돌아가고 아낙들의 따뜻한 말 한마디가 건네지는 것이 그때였습니다. 나는 머리가 커지면서 그 순박하고 털털한 인간미의 안주머니에 생명을 잔혹하게 도륙하는, 날 선 칼이 숨겨져 있다는 것을 알게 됐습니다. 날 선 칼끝으로 돼지의 목을 찌르고 도끼로 머리를 내려치는 그 잔혹한 호러 쇼(Horror show)가 연출되는 마당에 우리는 개나리꽃처럼 서 있었습니다. 털털하고 자유분방하며 따뜻한 인간미를 가지고 있는 것 같은, 뭐시기 아저씨의 내면에서 야만의 얼굴을 본 것입니다. 따뜻하고 순박한 동네 사람, 뭐시기 아저씨의 안주머니에 숨어 있던 야만의 모습에서 나는 인간에 대해 최초의 두려움을 느꼈는지도 모릅니다. 하지만 그것은 내가 나이를 먹고, 이 사회에서 만나게 될 거대 권력의 데자뷔불과했습니다.

    야만은 가끔 따뜻한 얼굴을 하고 있다는 걸 나중에야 알게 됐습니다. 박정희, 전두환, 윤석열 대통령들도 따뜻한 얼굴을 하고 있었으니까요. 특히 이승만 대통령은 하나님을 잘 믿는 그리스도인이라는, 따뜻한 얼굴을 하고 있었으니까요.

아버지 안에 소가 살고 있었다

어머니가 대상포진으로 며칠 병원에 입원 중일 때였습니다. 아내는 병원에 간병차 가 있고 나는 홀로 계신 아버지와 벗하며 며칠을 보냈습니다. 과묵한 성격에 자기표현을 잘 안 하시는 아버지는 속정은 깊지만 나와 살가운 대화를 나눌 기회가 별로 없었습니다. 그런데 어머니의 입원으로 아버지와 단둘이 함께하는 시간을 오래 갖게 되었습니다.

저녁에 한우 꽃등심을 구워드렸습니다. 평소에 돼지고기만 드셔서 쇠고기는 별로 안 좋아하는 줄 알았던 아버지가 쇠고기를 맛있게 잘 드셨습니다. 그래서 아버지에게 물어봤습니다.

"아버지, 쇠고기 별로 안 좋아하지 않으셨어요?"
"안 좋아하기는, 나도 좋은 건 다 안다. 그래도 소는 먹기가 좀 그려…."
"왜요?"
"……."

아버지의 말 없음에서 나는 많은 말을 읽어 냅니다. 아버지의 인생과 정서 가운데 소가 가진 무게를 상상합니다. 농경시대를 살아온 아버지 세대에게 소는 집안의 가장 큰 재산이었습니다. 하지만 아버지에게 소는 재산 가치 이상의 의미였습니다.

소와 아버지는 전쟁터에서 생사를 같이한 전우였습니다. 아버지와 아들 같기도 했습니다. 소는 말을 못 했지만, 아버지의 발소리를 듣고 반응했습니다. 아버지가 대문에 들어서면 앉아 있던 소가 벌떡 일어나 콧구멍에서 더운 김을 뿜으며 큰 눈망울로 아버지에게 애정을 표하는 걸 자주 봤습니다. 나는 소의 눈망울에서 아버지에 대한 무한한 신뢰와 사랑, 그리고 가장 따뜻하고 깊은 우애를 보았습니다. 소에게 아버지를 향한 웅숭깊은 인격이 있었습니다.

소에게 멍에를 씌워 밭을 가는 날은 지친 소가 안쓰러워 아버지는 무리할 정도로 특식을 주었습니다. 그것은 노동에 대한 보상이 아니라 노동의 연대 속에 피어난 전우애와 동지의식이었습니다. 아버지는 출타했다가 저녁 거미가 내릴 때 돌아오면 자식들에게 밥 먹었냐고 묻지도 않으면서 '소 밥은 줬냐'고, 대뜸 물었습니다. 소 밥을 안 준 날은 혼꾸녕이 났습니다. 말 못 하는 짐승이라고 먹는 거 소홀히 하면 안 된다고 몇 번이고 지청구를 줍니다. 나는 그런 모습을 보면서 내심 서운한 적도 있습니다. '내가 소보다 못 한가?', '자식새끼 밥 먹는 기보다 소가 밥 먹는 게 더 중한가?'

아버지는 소의 눈빛만 봐도 소의 마음을 알았습니다.

소가 앉고 일어서는 동작, 걸음걸이와 울음소리만 보고 들어도 소의 컨디션과 건강 상태를 알았습니다. 아버지와 소는 그런 사이였습니다. 아버지에게 소는 가족, 동지, 전우(戰友), 함부로 범해서는 안 되는 성역 같은 것이었습니다. 내밀하게 맺어진 인격적 관계, 아버지와 소의 관계는 그러하였습니다. 그래서 아버지에게 쇠고기는 맛있는 줄 알면서도 함부로 먹고 싶지 않은 음식이었던 것입니다.

현대사회는 세계와 사물과의 인격적 깊이를 잃어버렸습니다. 대량 생산된 일회용기들처럼 한 번 쓰고 버리는 가벼운 시대, 이 비인격적인 물성(物性)이 지배하는 키치(Kitsch)의 시대에 쇠고기를 함부로 먹지 못하는 아버지가 불현듯 현자처럼 느껴집니다.

<워낭소리>라는 영화가 대중에게 인기 있던 적이 있습니다. <워낭소리>에서 사람들이 느꼈던 감동은 드라마가 아니라, 바로 한 노인의 고집에 나타난 타자와의 인격적 소통이었습니다. 사람들은 현대성이 잃어버린 타자와의 인격적 소통을 그 영화에서 본 것입니다. 소와 함께하던 그 현자 할아버지에게 우리는 무엇을 배운 게 아니라, 인격적 깊이와 그곳에서 흘러나오는 치유의 샘물을 마신 것입니다.

아버지 안에 소가 살고 있는 것을 보았을 때, 아버지는 나에게 현인(賢人)이 되었습니다.

젓갈처럼 곰삭은 여인

목포 유달산 아래 골목을 배회하다 간판 하나에 눈길이 멎었습니다. '홍어라면'이라는 간판, 홍어와 라면이 선뜻 조합이 안 되었지만, 매우 흥미로웠습니다. 정형화된 문법을 깨고 낯선 두 사물이 자유분방하게 결합한 간판 이름에서 재즈의 선율을 느꼈습니다. 숙소를 잡아 놓고 이른 저녁에 홍어라면집을 찾아 들어갔습니다. 배 떠난 바다에 남아 있는 잔물결같이 목덜미에 주름살이 흐르는, 그니 혼자 손톱 손질을 하고 있었습니다. 아무도 없는 그 집에서 홍어라면을 받고 나는 성령의 감동이라도 받은 것처럼 환희에 찼습니다.

얌전하게 잘 삭힌 홍어 냄새가 경박하게 코를 자극하는 인스턴트 수프 냄새를 지그시 누르고 있었습니다. 라면에 수프를 약간만 넣은 것입니다. 홍어 삶은 육수에 천일염으로 간을 맞추고 홍어 껍데기를 넣어 끓였습니다. 콩나물이 아삭하게 씹히면서 특유의 시원한 맛을 내는 게 그니는 면발이 익어 가는 어떤 시점에 콩나물을 넣어야 하는지 정확하게 알고 있었습니다. 라면과 콩나물 위에 대파를 길게 찢어 생양파와 함께 고명으로 올렸습니다. 새파란 청양고추 몇 토막도 무심한 듯 툭 던져 넣었습니다. 끓는 라면 국물에 푹 익혀 버린 게 아니라 라면을 그릇에 담은 후에 고명으로 살포시 올려놓은 것입니다. 스물여덟에 청상(淸孀)이 된 우리 할머니처럼 대파와 양파가 아직 싱싱하게 살아 있습니다. 그 싱싱한 모습이 삭힌 홍어의 오래된 풍미를 갱신하여 향과 풍미를 새롭게 합니다. 그리고 고명 위에 때깔 고운 고춧가루 한 스푼을 살짝 올린 게 기막히게 곱습니다. 라면에 홍어를 넣은 게 아니라 홍어 육수에 라면 사리를 넣은 요리였습니다. 그니는 양념과 간을 다루는 법을 압니다. 배워서 아는 게 아니라 선천적으로 타고난, 음식에 대한 직관으로 압니다. 감각은 지성보다 탁월합니다.

    라면을 먹고 한담을 나누는데 그니의 서사에서 홍어 맛이 납니다. 그니는 말을 안으로 곰삭일 줄 압니다. 그러면서도 사람의 귀를 끌어당기는 힘이 있습니다. 갯가에서 온몸을 짓이기며 살아온 뻘낙지처럼 그니의 말은 유연하면서 흡입력이 있습니다. 내 나이가 스물대여섯 살쯤 되고, 그니가 서른 살쯤만 되는 처녀였다면 수작이라도 한번 해 보고 싶은, 손이 야무진 전라도 여인네입니다. 아, 전라도 사람은 뻘사람들입니다. 그니들의 말은 뻘을 닮아 진득하고 곰살궂습니다. 빠름과 느림, 강약과 고저가 뻘처럼 차지게 잡아당기고 느물느물 미끌어집니다.

    그니와 시간이 짓무르도록 이야기를 나누고 식당을 나오려는데, 시키지도 않은 홍어 몇 점 싸줍니다. "여관에 가서 쐬주랑 좀 자셔 잉~" 아 씨, 술을 너무 일찍 끊어 부렀네, 하는데 마음에서 박하 향 같은 홍어 냄새가 화악 풍겨옵니다.
젓갈처럼 곰삭은 여인의 향기에서 사람의 맛이 납니다.

말을 벗으라

　야생화 사진을 찍는 우리 교회 장로님이 바람이나 쐬러 가자고 합니다. 사진 찍으러 가자는 말씀입니다. 심산유곡 절간에 얼레지가 많이 피었다 합니다. 꽃 사진을 찍는 일에 별 관심은 없었지만 장로님께서 보내 주신 우의를 저버릴 수 없어 카메라를 들고 따라나섰습니다. 그런데 막상 그 절에 가보니 내가 오래전에 마음에 품고 비밀스레 왕래하던 곳이었습니다. 서른 중반쯤부터 그곳을 자주 찾다가 근 30년 가까이 발길을 멈춘 절입니다.

　기독교 모태신앙인이면서 지금은 목사인 내가 사찰에 관심을 가진 것은 풍수를 이해하기 시작하면서부터였습니다. 절을 찾을 때마다 느끼는 것은 사찰 건축물과 요사채가 주변 산세와 조화를 이루는 미학적 안정감이었습니다. 많은 사람이 절에 가면 마음이 편하다고 느끼는 것은 그 때문입니다. 특히 고찰(古刹)일수록 풍수(風水)를 따져 가람(伽藍)을 배치했기 때문에 풍광이 아름답고 수려합니다.

　얼레지가 많이 피었다는 곳은 전라북도 완주군에 있는 불명산 화암사입니다. 화암사는 마을에서 멀리 떨어져 세속의 소리가 도달하지 못하는 고찰(古刹)입니다. 건물이래 봤

자 소박한 규모의 극락전과 요사채 하나, 누각 하나가 전부인 작은 사찰입니다. 누각은 단청을 입히지 않아 목재의 질감이 그대로 살아 있는데, 우화루(雨花樓)라는 이름처럼 탈속한 시간이 꽃비 내리듯 하는 곳입니다. 고풍스러운 목재 건물과 가람도 좋지만, 무엇보다 속세의 소리가 도달하지 않아 고즈넉한 맛이 좋은 절간입니다.

옛날, 해우소 옆 너럭바위에 누워 풍경소리를 들으며 살포시 잠들었다가 해가 뉘엿뉘엿 지면 말없이 내려오곤 했습니다. 소리 없이 먼 산을 보는 맛도 참 좋았습니다. 먼 산을 보는 건 시각적 인식 과정이 아니라 마음의 거리를 소멸시키기 위한 일종의 명상입니다. 문명의 소리가 지워지고 자연의 소리만 남을 때, 자연적으로 일어나는 마음의 파장도 명상입니다. 명상이 특별한 시간을 통해 특별한 자세로 폼을 잡는 것이 아니라면, 고요한 산사에서 먼 산을 바라보는 것만으로도 명상에 들 수 있습니다.

자동차로 쉽게 접근할 수 없고, 많은 사람이 번잡하게 오가지 않는 곳에 고즈넉하게 홀로 버려진 절간, 그곳은 늙은 비구니의 흰 고무신이 반듯하게 모셔진 댓돌마저 정갈합니다. 적막감이 모든 것을 삼켜 버린, 그곳이 화암사(花巖寺)입니다. 산사의 적막감을 한 사발 들이켜고 나면 마음에 가두어 둔 찌꺼기들이 씻겨 내려가는 곳입니다. 그래서 아무에게도 알리지 않고 몰래 다니던 나만의 산사(山寺)였습니다. 시인 안도현은 이 절을 두고 "잘 늙은 절 한 채"라고 말합니다. 맞습니다. 정갈하게 숙성된 시간이 고여 있는 절입니다. 우화루(雨花樓)의 오래된 목재가 오후의 정남향 햇살을 받아 시냇물 소릴 냅니다. 오래된 나무의 질감에 렌즈를 들이밉니다. 천년 고목에서 묵음(默音)의 범종(梵鍾) 소리를 봅니다.

그런데 오늘따라 요사채의 현판이 마음을 사로잡습니다. '적묵당(寂默堂)', '말 없는 집'이란 뜻입니다. '입 다물라'는 말이지요. 침묵과 여백 가운데서 보이지 않는 참된 세계를 보라는 말입니다. 현판과 눈이 마주쳤을 때 "진리는 말로 할 수 있는 게 아니다(道可道非常道)"라고 했던 노자(老子)의 일갈이 송곳처럼 찌르고 듭니다.

다른 생물들은 인간보다 열등해서 말이 없는 게 아니라 말하지 않아도 소통할 수 있어서 말이 없는 거라고 잠시 생각해 봅니다. 내 안에 가득한 말들을 다 쏟아 놓고 내려오는 곳, 그곳이 사원(寺院)입니다. 그래서 어떤 종교나 종파든지 모든 사원(寺院)은 기본적으로 말을 내려 놓아야 합니다. 그래서 야훼 하나님은 호렙산에서 모세에게 "네 발에서 신을 벗으라."고 말합니다. 네 입장을 버리라는 뜻입니다. 내 입장을 변론하기 위해 얼마나 많은 말을 배설하고 살아왔는지, 마음에서 담 허물어지는 소리가 납니다, 적묵당(寂默堂) 앞에서.

워뗘, 괜찮여?

머리 굵은 무가 이랑 위로 파랗게 고개를 쳐들고 전태일처럼 당당하게 외칠 때가 있습니다. 시퍼런 낮달이 뜨는 가을에 먹는 무는 인삼보다 좋다는 속설이 있습니다. 매콤달콤한 맛과 수분이 많아 시원하고 아삭거리는 식감이 먹는 사람을 상쾌하게 만드는 게 가을무입니다. 어릴 적엔 무밭을 지나며 누구네 거라 할 것 없이 아무렇지도 않게 한두 개는 그냥 뽑아 먹을 수 있었습니다. 잡초 무더기에 쓱쓱 문질러 엄지손톱으로 껍질을 돌려 까면 막힌 인생이 열리듯이 물 많은 무는 껍질을 열고 파랗고 뽀얀 속살을 드러냅니다.

그걸 바라본 무밭 주인은 이렇게 말합니다.

"워뗘, 괜찮여?"

무 맛이 좋냐는 뜻입니다. 무 농사가 잘됐느냐는 평가를 요청하는 물음입니다. 하지만 이것은 남의 무를 뽑아 먹다 들켜 무안해진 사람에게 면죄부를 주는 충청도 사람의 화법입니다. 그 능청스러운 말 한마디로 가을 무는 타자와 공유됩니다. 왜 남의 밭에서 허락도 없이 무를 뽑아 먹느냐고 눈을

| 1부 | 제일 느리게 가는 기차

부라리거나 시시비비를 따지지 않겠다는 뜻입니다.

그때는 그랬습니다. 겨우내 먹을 게 김치밖에 없던 가난한 농사꾼들은 자기들이 실제 먹을 양보다 넉넉하게 무와 배추를 심었습니다. 그래서 동네 사람 누군가가 무밭을 지나다 한두 개 뽑아먹는다 한들 탓하지 않았습니다. 피차 함께 먹고살자는 뜻도 있었습니다. 내가 가진 것 중 이 정도는 서로 나눌 수도 있다는 마음이었습니다.

가을마다 시골 어머니 집에 가서 무를 뽑는 게 가을과 겨울 사이에 나에게 주어진 즐거운 이벤트입니다. 그때마다 무청을 잘라 가을 햇살에 걸어 두고 무를 갈무리하면서 몇 개를 깎아 먹습니다. 샘물처럼 달고 시원합니다. 무 대가리는 젊은 산처럼 푸르고 바다처럼 용맹합니다. 그리고 내 젊은 날들처럼 시리고 매콤합니다. 가을 무를 베어 물고 하늘을 보면 눈물이 폭 솟습니다. 어머니의 가을배추는 속이 꽉 찹니다. 단단하고 고소한 것이 어려운 시절을 이겨 낸 어머니의 단단한 마음 같습니다.

나는 가끔 무와 배춧속을 다듬어 물김치를 담습니다. 무, 배추, 당근, 마늘, 생강, 쪽파, 양파, 그리고 물과 소금만으로 물김치 한 통을 담습니다. 이렇게 해서 랩을 씌워 상온에 이틀 정도 두면 유산균이 번식합니다. 유산균은 산소를 싫어하기 때문에 외부 공기와의 접촉을 최대한 차단해 주어야 합니다. 틈이 생기면 잡균 류가 침입해서 유산균이 줄어들게 되고 맛이 달라질 수 있습니다. 무에는 유산균이 번식할 수 있는 천연 아미노산이 많이 들어 있습니다. 배추와 마늘 등속에 들어 있는 포도당과 과당이 유산균의 먹을거리가 됩니다. 또 소금에 농축된 미네랄이 유산균을 번식시키는 데 든든한 후원자가 됩니다.

그러고 보니 물김치를 만드는 건 유산균 제국을 건설하는 일입니다. 결국 그 유산균 제국이 강성해졌을 때 제국의 영토를 우리 몸으로 옮겨 놓는 것입니다. 내 몸은 세균들의 창망(滄茫)한 우주입니다. 셀 수도 없는 무수한 균들이 내 몸을 점령하게 되는 것입니다. 아니, 나는 그냥 세균의 숙주일 뿐입니다. 여러 가지 세균들이 내 몸 안에서 관계를 맺고 살아가는 것입니다. 이 세계의 주인은 인간이 아니라 세균이라고 해도 됩니다. 세균을 알게 되면 이 세상이 어느 한편으로 독립된 부분이 없다는 사실을 깨닫게 됩니다. 서로 연결되고 관계 맺고 살아가는 것이 이 세계의 구조입니다. 인간은 그래서 실존적이며 유기적인 존재입니다.

자본주의가 심화하면서 내 밭에 있는 무는 나의 소유이기 때문에 누구도 손댈 수 없다는, 소유에 대한 집착이 강해졌습니다. 이런 시대에는 사람 사이의 유기적 연대가 어렵습니다. 내 소유물이 누구에게도 침해받지 않는 것처럼 자기 자존심을 건드리는 외부의 어떤 간섭도 배제합니다. 기계적이고 단편적이며 단선적입니다. 사람과 사람 사이에 여백을 만들고 그 사이로 서로의 감정을 유통하던 "워뗘, 괜찮여?" 같은 인간의 품격이 사라졌습니다.

인간의 품격이 사라진 자리에 건강한 유산균이 번식하지 못하고 잡균 류가 장악하게 되면 볼품없는 사람이 됩니다. 이 볼품없는 시대에 "워뗘, 괜찮여?"라며 고랑 위로 솟은 무대가리처럼 푸르게 웃던 그 사람, 참 그립습니다.

수(數)는 영혼을 잠식한다

한 달에 한 번 나는, 칭찬을 듣거나 훈계를 듣습니다. 약간의 고혈압과 당뇨가 있어서 약을 처방받기 위해 동네 병원에 갑니다. 의사는 나를 관리합니다. 나는 의사가 내준 숙제를 성실하게 제출해야 합니다. 혈압과 당뇨 수치를 체크한 기록지를 제출합니다. 간혹 간기능검사와 혈액 검사, 소변 검사 등을 합니다. 그 결과를 통해 의사는 내 몸의 건강 상태를 확인하고 약을 처방해 줍니다. 이 과정에서 나는 칭찬을 듣거나 훈계를 듣습니다. 수치가 낮거나 높은 데 대한 의사의 반응입니다.

하지만 나는 의심합니다. 의사가 처방해 준 약들이 과연 내가 필수불가결하게 먹어야 하는 약인지, 아니면 병원의 상업적 목적에 의해 과도하게 처방된 약인지, 고도의 전문가라고 생각하는 저 의사가 사실은 교과서에 적혀 있는 모범답안만을 충실히 익힌 범생이는 아닐지, 의심을 해 봅니다. 내 몸을 인격적 생명체로 보는 게 아니라 기계적으로 작동하는 물건으로 보지는 않는지 의심해 봅니다. 그래서 중복된 성분이 있는 약은 없는지, 인터넷에 검색해 보고 각각의 알약이 가지고 있는 부작용에 대해 알아봅니다. 내 몸에 대한 의사의 이해 방식과 처방을 완전히 신뢰할 수 없다는 생각 때문입니다. 그 불편함의 출발점은 현대의학의 몸에 대한 기계적 인과법칙입니다.

내 몸의 상태를 의사는 수치로 이해합니다. 혈압 수치, 당뇨 수치, 간 기능 수치, 당화혈색소 수치, 단백뇨 수치, 수치, 수치, 수치, 그 수치들에서 나는 수치를 느낍니다. 내 몸에 대한 건강 상태를 기계적으로 수치화된 정보에 의해 판단하는 게 불편합니다. 한 사람의 고유한 생명이 숫자로 읽히고 숫자로 이해되는 게 불편한 것입니다. 내 몸은 숫자에 의해 해부학적으로 수술대 위에 눕혀진 고깃덩어리가 아니라, 영혼을 담지한 웅숭깊은 생명이기를 원합니다. 그런데 의사는 내 몸을 숫자의 조합으로만 이해하려고 합니다. 그게 불편합니다.

"만물은 수로 이루어졌다."고 주장했던 피타고라스교의 교리가 현대문명의 우상이 되어 버린 것입니다. 사람도, 자연도, 심지어 신(神)마저도 수(數)로 정의하고 이해하는 짓들이 우리의 일상을 지배하고 있습니다. 현대문명의 진짜 이단은 수(數)로 모든 걸 이해하고 설명하려 드는 패러다임일지도 모릅니다.

수학을 싫어하는 나 같은 사람에게 위로가 될 만한 영화가 있습니다. 유대인 감독, 코엔 형제(Joel D. Coen & Ethan J. Coen)의 <시리어스 맨 Serious man>입니다. 유대인 거주지역에 살고 있으며 대학에서 물리학을 가르치고 있는 래리에게 악재가 연이어 닥칩니다. 아내가 갑자기 이혼을 요구하고, 아들이 말썽을 피우고, 딸은 성형수술을 하기 위해 아빠의 지갑에서 돈을 훔칩니다. 그리고 낙제점을 준 한국인 유학생 청년이 찾아와 말도 안 되는 이유로 항의합니다. 자기는 강의 내용을 다 이해했는데 다만 그것을 수학적 방식으로 답하지 못했을 뿐이라고 항변합니다. 래리는 수학적 방식으로만 물리학을 이해하고 답해야 한다고 학생을 설득합니다. 하지만 이 학생의 항의는 계속됩니다. 거기다 종신직 교수 심사가 눈앞에 다가온 상태에서 심사위원에게 부정적인 투서까지 들어갑니다.

래리는 밀려오는 악재로 인해 혼란이 가중되고 피로가 쌓입니다. 그는 유대 사회의 전통에 따라 랍비를 찾아가 자신에게 닥친 문제를 상담합니다. 하지만 랍비는 답변을 명쾌하게 하지 않습니다. 대신 치과의사를 상담했던 경험담을 들려줍니다. 어느 치과의사가 환자의 치아에서 '도와주세요'라는 히브리어 문장을 발견했다고 합니다. 그 후로 그 의사는 그것이 신의 계시인지, 그 환자가 자신에게 보내는 SOS인지에 대해 심각하게 고민하다가 랍비인 자신을 찾아와 상담을 했다고 합니다. 그 치과의사는 랍비에게서 문제에 대한 답을 듣지 못하고 일상으로 돌아갔다고 말합니다. 그리고 그의 일상은 이전처럼 평온한 상태가 됐다고 합니다. 랍비는 이렇게 말합니다. "지금 우리에게 닥친, 심각하고 진지한 문제는 사실 치통처럼 잠깐 왔다 사라지는 인생의 문제일 뿐"이라고.

뉴턴(Isaac Newton)은 모든 것이 인과적으로 운동하고 있으며 그것들을 수치로 설명할 수 있다고 보았습니다. 이 고전역학은 근대 세계관의 출발점이었습니다. 세계와 우주, 생명이 하나님의 풍성한 은혜와 섭리로 채워져 있고, 인간은 신비를 통해 그 세계에서 하나님을 경험할 수 있다는 인식이 명료한 수학적 도식으로 바뀐 것입니다. <시리어스 맨>의 주인공 래리를 지배하고 있는 세계관은 바로 이것이었습니다. 고전물리학의 기계적 인과론으로 바라보는 세계, 그것은 질량, 운동량, 위치, 시간 같은 물리적 현상을 수학적 계산 방법으로 명료하게 설명할 수 있다는 세계관입니다. 나아가 인생도 그러한 법칙 가운데 있다고 생각합니다. 하지만 그의 삶 가운데 예측하지 못한 사태들이 연이어 발생하면서 그는 혼란과 치통 같은 삶의 통증을 느낍니다.

랍비와 상담 이후 래리가 불확정성의 원리를 설명하는 것으로 영화는 끝납니다. 기계적 수치로 삶을 규정하며 너무 진지하고 심각하게 자기 인생을 바라보지 말라는 것입니다. 수(數)로 셈을 하듯이 세계와 사물을 인과론적으로 보지 말라는 뜻입니다. 이 메시지는 결국 래리에게 닥친 악재들이 우연한 사건에 의해 정리되면서 설득력을 얻습니다. 래리의 사고(思考)에 의하면 엄격한 인과법칙에 의해서만 해결돼야 할 사건들이 우연에 의해 해결된 것입니다.

랍비에게 이야기를 들은 래리에게 평온이 찾아왔고 세계관이 바뀝니다. 수학을 몰라도 물리적 법칙과 내용을 이해할 수 있다는 한국인 유학생의 말을 받아들인 것입니다. 그리고 그의 성적 평가서에 F를 C-로 수정해 줍니다. 불확정성의 원리를 강의하며 결론적으로 이렇게 말합니다.

"무슨 일이 일어나고 있는지 실제로는 알 수 없음을 증명한다."

수학적으로 엄밀하게 계산해야만 알 수 있는 물리 법칙을 양자물리학의 불확정성의 원리로 그는 강의를 마칩니다. 커다란 칠판에 빼곡하게 적어나간 수학 공식을 다 풀어낸 결괏값이 "알 수 없음"입니다. 이 세계는 수학적 계산으로 설명될 수 없다는 고백입니다.

어쩌면 현대사회의 피로감은 수(數)에서 오는 것인지도 모릅니다. 태어나는 순간 신생아는 고깃덩어리처럼 저울 위에 올려집니다. 저울이 가리키는 숫자가 한 생명이 부딪치는 이 세계에서의 첫 경험입니다. 그리고 어려서부터 우리의 몸과 정신도 수로 표시됩니다. 키와 몸무게, 시력과 지능 같은 것들 말입니다. 학교에 들어가면서부터 한 사람의 능력이 성적으로 수치화됩니다. 나이와 학년, 성적 같은 것들 말입니다. 운전할 때도 시속 몇 킬로미터로 달리는지 자동차 게이지에 수로 표시됩니다. 연봉이 얼마인지 한 사람의 인생을 액수로 평가합니다. 몇 평의 아파트에 사는지, 집의 크기를 수로 표기합니다. TV가 몇 인치인지, 휴대폰 요금제가 얼마짜리인지, 아내가 입는 옷이 66인지, 77인지, 오늘이 며칠인지, 컴퓨터 램이 몇 기가인지, 지금이 몇 시인지, 우리는 모두 수를 먹고 마시며 수에 감염되고 수를 숭배하며 수의 노예가 됩니다. 수는 사람의 영혼을 잠식합니다.

종교는 수가 아닌 직관과 통찰로 세계와 존재를 인지합니다. 만약 종교가 수에 감염된다면, 그것은 세계의 종말입니다.

바람 부는 날엔 장생포에 가야 한다

첫사랑은 바람이었습니다. 스무 살에 만난 그녀는 제맘대로 불어왔다 어디론가 사라지기를 반복했습니다. 그것이 첫사랑이었기 때문에 낯설었지만, 사람이 쉽게 변할 수 있다는 사실이 더욱 낯설었습니다. 사랑은 변하지 않는 거라고 생각하는 나와, 사랑은 원래 그런 거라고 생각하는 그녀 사이에 늘 바람이 불었습니다. 허진호 감독의 영화 <봄날은 간다>에서 이영애가 유지태에게 "우리 헤어지자."라고 말했을 때, 유지태는 이렇게 말합니다. "어떻게 사랑이 변하니?"라고.

나는 <봄날은 간다>를 스무 번은 더 보았습니다. 그 영화는 내 첫사랑의 얘기였습니다. 특별히 영화의 마지막 시퀀스에 벚꽃 만발한 거리는 사랑의 기쁨과 상실의 고통이 심미감을 자아내는 미장센을 연출합니다. 달콤하고 아련하고 씁쓸한 사랑의 내면을 미학적으로 구성한 탁월한 시퀀스입니다. 내 첫사랑의 미장센이 이 영화에 다 있습니다.

스무 살, 그녀가 크게 지랄을 시작했을 때, 배낭 하나 달랑 메고 기차에 올랐습니다. 갈 곳을 정하지 않고 올라탄 기차가 여차저차해서 날 데려다준 곳이 울산이었습니다. 집으로 돌아갈 여비 5천 원을 남겨 놓고 돈을 털어 안주 없는 소주를 마셨습니다. 스무 살까지 집과 학교, 교회밖에 몰랐던 착하고 순진한 범생이가 처음으로 트라이앵글을 벗어난 것입니다. 난 그 밤의 일들을 하나도 기억하지 못합니다.

새벽에 눈을 떴을 때 나는 여자고등학교 가사 실습실의 알루미늄 조리대 위에 커튼을 덮고 누워 있었습니다. 지금도 생각합니다, 어떻게 그런 대범한 짓을 할 수 있었는지. 나의 범생이 기질로는 상상도 할 수 없는 일이었습니다. 술이 사람을 알에서 깨어나게 한 것입니다. 술은 사람을 단순한 쾌락과 허무에 빠지게도 하지만 가끔 잠들어 있는 자아를 깨어나게도 한다는 걸 그때 알았습니다. 나는 결코 순박하기만 한 범생이는 아니었습니다. 교회와 기독교 신앙이 나를 범생이로 만들었던 것입니다.

아침 햇살을 받아 반짝이는 포구로 통통배들이 들어오고 있었습니다. 배가 지나가는 수면 위로 주름이 일듯 어젯밤에 난생처음 먹은 강술이 위장에 고통의 주름을 냈습니다. 술이 덜 깨 흔들리는 몸을 부둣가에 부려 놓고 포구를 멍하니 바라보았습니다. 포구의 이쪽에 거대한 무쇠 가마 몇 개가 걸려 있었습니다. 그리고 풍채 있는 고택의 대들보 같은 통나무 몇 개가 널브러져 있었습니다. 속이 좋지 않아 그대로 앉아 있을 수가 없었습니다. 커피라도 마시면 좀 나아지려나 싶었습니다. 바로 옆에 있는 건물 2층에 다방이 있었습니다.

커피 한 잔을 시켰습니다. 이제 막 다방 문을 연 젊은 여인은 내게 다정하게 아침 인사를 건네며 자기도 커피 한잔 사

달라고 합니다. 다방 주인이 왜 나에게 커피를 사 달라는지, 도통 세상 물정 모르는 촌놈으로선 이해할 수 없었습니다. 교회에서는 그런 걸 가르쳐 주지 않았습니다. 다방에는 마담이라 부르는 여자 사장이 있고 레지라 부르는 종업원이 있는데, 그녀들에게 팁을 주기도 하고 커피를 사주기도 하는 게 다방 문화라는 걸 알려 주지 않았습니다. 나를 가르친 교회는 이 땅의 문화를 거부하고 천국만을 이야기했습니다.

마지막 남은 교통비 5천 원으로 커피를 마시고 창밖을 바라보면서 이야기를 나누었습니다. 이야기를 하는 곳, 그게 다방이었습니다. 대전에서 왔다고 하니 자기도 고향이 대전이라며 화장기를 지우듯 경상도 사투리를 싹 지우고 말합니다. 언젠가는 고향으로 돌아가고 싶은데 돈을 못 벌어서 아직도 돌아가지 못한다고 신세 한탄을 합니다. 그녀의 눈길은 포구에 매여 있는 고깃배처럼 물살에 흔들리고 있었습니다.

그녀는 흔들리는 눈빛으로 고래 얘기를 했습니다. 포구의 무쇠가마 옆에 있는 거대한 통나무 같은 것이 고래의 통뼈라고. 바다에서 고래를 잡아 배에 싣고 오면, 저기 가마솥에서 삶았다고 합니다. "작년까지만 해도 여기서 고래를 삶았어요. 창밖으로 내다보면 사람들이 고래의 살을 발라 가마솥에 넣고 불을 때고 난리도 아니었어요."

나는 그녀의 이야기를 들으며 우리의 운명을 생각했습니다. 대양을 헤엄치는 거대한 고래가 손발이 꽁꽁 묶여 포구에 실려와 다시는 바다로 돌아갈 수 없는 운명이 되어 버리는 곳, 자신을 김 양이라고 불러 달라던 울산다방 레지의 운명이 장생포 고래 같다고 생각했습니다. 사랑을 잃고 현실에 포박된 우리의 생애도 장생포 고래와 같지 않을까, 가끔 생각합니다. 장생포 이후 20여 년 뒤에 나는 내 첫 시집 『할딱고개 산적떼』에 '장생포'라는 시를 실었습니다. 그 시의 첫 연입니다.

> 고래를 삶았다지?
> 커다란 무쇠가마
> 끓는 물에 생살을 던져 넣고
> 고래고래 소리 지르며
> 펄펄 뛰고 싶은,
> 사랑을 잃고
> 슬픈 운명의 나팔 소릴 내며 포박되어 온
> 불행의 전초기지였던 이십대

바람이 불면 아내와 함께 장생포에 가고 싶습니다. 아내에게 첫사랑의 얘기를 아프지 않게 해 줄 수 있는 나이가 되어 버린 것입니다. 언젠가는 내가 시인이었다는 사실을 아는 아내가, 언젠가는 내가 고래였다는 사실도 알았으면 좋겠습니다.

유월엔 마늘에서 크레파스 냄새가 난다

아침이 두려웠습니다, 국민학교 다닐 때. 우린 지독하게 가난했습니다. 준비물을 챙겨가야 하는 날은 학교 가기가 싫었습니다. 특히 미술 시간이 있는 날은 더욱 그랬습니다. 크레파스를 준비하지 못하면 미술 시간엔 바보가 돼야 했습니다. 우두커니 앉아 있거나 다른 애들 크레파스를 빌려 써보겠다고 집적거리다 눈총을 받아야 했습니다. 그놈의 크레파스가 나를 온통 어두운색으로 칠해버리고 말았습니다. 그래서 나의 국민학교 시절은 어두운 회색이었습니다.

4남매 중 셋째까지 국민학교에 다니던 그때, 우리 집은 아침마다 준비물을 요구하는 어린 자식들의 징징거림과 그 징징거림을 이겨내야 하는 어머니 아버지의 무거운 마음이 지루한 장마에 개흙마당처럼 질척거렸습니다. 준비물을 마련해 주지 못하고 어린 새끼들의 징징거리는 소리를 말없이 듣고만 있어야 하는 당신들의 궁색한 처지에서 사나흘 장맛비에 널브러진 빨랫감처럼 곰팡내가 났습니다.

가난은 장마처럼 사람을 눅눅하고 질척거리게 했습니다. 또 장마는 가난처럼 수확기를 놓친 채소류를 썩게 했습니다. 그래서 장마가 오기 전에 마늘을 캐야 합니다. 장맛비에

줄기가 힘을 잃고 흐물흐물해지면 100개를 한 접 단위로 엮어서 팔아야 하는 마늘의 특성상 상품성이 떨어지기 때문입니다. 유월 언저리에 마늘을 팔아야 보릿고개를 넘을 수 있었습니다. 하지만 그것마저 구멍가게 외상값, 이웃에게 급전을 빌려 쓴 것들을 갚을 양이면 손가락 사이로 모래알 빠져나가듯 했습니다. 우리 네 남매 누구의 입에도 아이스께끼 하나 물어 볼 수 없었습니다.

그런데 쥐구멍에도 볕들 날이 있다고, 어느 날 마늘 보따리를 이고 장에 갔다 돌아오는 엄마가 환한 얼굴로 대문에 들어섰습니다. 마늘을 산더미처럼 머리에 이고 갔던 보따리는 바람 빠진 풍선처럼 쪼그라져서 왔습니다. 엄마는 마루에 걸터앉으며 옹졸해진 보따리를 풀었습니다. 진한 생마늘 냄새와 함께 보따리에서 12색 왕자 크레파스가 나왔습니다. 엄마가 마늘 판 돈으로 크레파스를 사 온 것입니다. 내 얼굴이 생마늘 냄새와 함께 열두 색깔 무지개로 빛났습니다. 무지개는 일곱 색깔이 아니라 열두 색깔일 수도 있다는 걸 그때 처음으로 상상했습니다. 세상의 모든 행복은 열두 색깔 크레파스에 다 있었습니다.

크레파스를 안고 밤을 맞았지만 잠을 이룰 수 없었습니다. 누가 훔쳐 갈 것만 같아 불안해서 잠을 잘 수가 없었습니다. 강아지를 안듯 크레파스를 깊이 안고 어두운 밤을 건너 아침을 맞았습니다. 그런데 그 아침에 여동생이 미술이 들었다며 자기가 크레파스를 가져가야 한다고 말합니다. 불안하고 못마땅하지만 순리에 따라 나는 동생에게 크레파스를 건넸습니다. 그러면서 신신당부를 했습니다. 친구에게 함부로 빌려주지 말 것, 색을 너무 진하게 칠해서 낭비하지 말 것, 너무 꾹꾹 눌러써서 부러지지 않도록 조심할 것들을 타일러서 보냈습니다.

그런데 그날 동생의 크레파스를 누군가 훔쳐 가버렸습니다. 동생은 무서워서 집에도 못 들어오고, 나는 분하고 미칠 것 같아서 앞산 중턱에 있는 방공호에 들어가 애벌레처럼 몸을 둥글게 말고 울었습니다. 크레파스를 잃어버린 데 대한 분함 때문만은 아니었습니다. 엄마가 장에 갔다가 국밥 한 그릇도 못 먹고 사 온 크레파스였기 때문입니다. 크레파스에는 엄마의 땀과 눈물이 있었습니다. 거기에는 지난 늦가을부터 밭에 거름을 내고 마늘의 쪽을 내어 손이 갈라지도록 그것을 심은 아버지 어머니의 뼈아픈 노동이 있었습니다. 냉수에 보리밥 한 술 말아먹고 종일 땡볕에 엎드려 김을 매 키웠던 마늘들, 거기에는 아버지와 어머니의 고통스러운 삶이 있었습니다. 뼈에서 흘러나오는 진액 같은 눈물이 흘렀습니다. 뼈가 아프다는 말의 뜻을 5학년 때 처음 느꼈습니다. 뼈가 아팠습니다.

울다가 지쳐 잠든 귓등으로 엄마가 날 부르는, 애절한 소리가 들려왔습니다. 해는 뉘엿뉘엿 지고 집집마다 굴뚝에서 저녁연기를 뿜고 있었습니다. 어스름한 앞산을 내려와 백열전구 아래 앉았습니다. 우리는 밥을 먹으며 아무 말도 하지 않았습니다. 아버지도 엄마도, 그리고 누구도 말하지 않았습니다. 밥그릇에 수저 부딪치는 소리만 딸그락거릴 뿐이었습니다. 상품성이 없는 무녀리 햇마늘을 고추장에 찍어 밥반찬으로 먹는데, 마늘에서 자꾸 크레파스 냄새가 났습니다.

    크레파스만 생각하면 엄마 아버지가 너무 불쌍해서 가슴이 아팠습니다. 그것은 미술 시간에 바보가 되는 것보다 더 큰 아픔이었습니다. 기어이 무너진 둑을 넘어 눈물이 온몸으로 범람하는 것을 막을 수 없었습니다. 그놈의 장마는 나를 눈물의 홍수 속에 침수시키고 말았습니다. 그해 장마는 너무 길었습니다.

    그런데 그 장마는 지금도 그치지 않고 있습니다.

수국을 보면 눈물이 난다

어머니는 수국을 보면 잘 삶아 곱게 말아 놓은 국수 대접 같다고 했지요. 할머니는 수국을 보면 하얀 쌀밥을 고봉으로 담아 놓은 것 같아서 보기만 해도 흐뭇하다 하셨어요. 그런데 나는 수국을 보면 눈물이 나요. 눈물을 한 사발 말아서 들이키듯이 내 안에서 장맛비 같은 눈물이 목구멍을 막습니다.

우리 집 뒤꼍 모퉁이에 아름드리 수국이 있었습니다. 초여름에 피기 시작하여 장맛비에 젖어 고개를 떨구는 꽃이 수국입니다. 수국(水菊)이란 이름에서 이미 물이 내재돼 있지만 내 기억에 수국은 사람에게서 나는 물과 연관된 꽃입니다. 빗물이 아니라 눈물과 연관된 꽃입니다. 내 아픈 기억이 수국에 젖어 있기 때문입니다.

우리 뒷집 아줌마는 무당이었습니다. 용하다는 소문이 나서 인근 각처에서 점을 보고 굿을 하러 오는 집이었습니다. 굿을 하는 날을 제외하곤 참 조용한 집이었습니다. 그 집의 막내딸은 나보다 두 살 아래, 담벼락을 넘어간 수국이 뒷집 우물가에 꽃 사발을 내려놓으면 그 아이는 수국을 따서 소꿉장난을 했습니다. 사춘기를 지나면서 서로 내외하며 쑥스러움을 탄 탓에 말없이 보내던 어느 날, 수국 그늘에서 그 아이 우는 소릴 들었습니다. 신내림을 받지 않는다고 어머니에게 혼이 나고 갈등이 있었다는 풍문을 나중에 들었습니다. 그 때문에 울었는지는 모르지만, 그 울음이 그것과 관련 있는 것처럼 생각됐습니다. 지금도 수국을 보면 그 아이가 꽃그늘에서 흐느끼던 소리가 들리는 것 같습니다.

    비록 가난했지만 난 장손 대접을 받으며 살았습니다. 집안 어른들의 관심과 사랑이 나에게 과도하게 집중됐습니다. 하지만 누이동생 둘은 가난의 칼날을 온몸으로 받아야 했습니다. 중학교를 졸업하자마자 공장으로 보내졌습니다. 낮에 공장에서 일하고 밤에 공부하는 야간학교였습니다. 열일곱 어린 나이에 축사 같은 방직공장에서 강도 높은 단순노동을 하고 학교라는 이름으로 밤늦도록 붙잡혀 있어야 하는, 그 삶이 어린 누이들에겐 많이 힘들었을 겁니다.

    누이가 집에 오던 어느 날, 비가 내렸습니다. 추적거리는 빗소리와 함께 흐느끼는 소리가 들렸습니다. 뒷집 아이가 또 우는가보다 하고 뒷방 문틈 사이로 뒤꼍을 내다봤습니다. 하얀 수국이 흐드러져 있었습니다. 그 아래 누이가 병아리처럼 쪼그려 앉아 울고 있었습니다. 빗방울 떨어지는 수국 아래 슬리퍼를 신은 누이의 발등이 부어 있었습니다. 장시간 서서 고된 노동에 지친 누이의 삶이 곰팡이 핀 개떡처럼 부풀어 버린 것입니다. 수국은 환장하게 흐드러져 하얗게 젖고 있는데, 누이의 눈은 봉숭아 빛으로 붉어 있었습니다. 부모님이 속상

할까 봐 힘들다는 내색도 하지 않고 저 혼자 수국 아래 앉아 흐느끼고 있었습니다. 비에 젖은 수국이 그토록 아리고 슬픈 마음을 하고 있었던 게지요.

그 뒤로 난 수국을 보면 눈물이 납니다. 어린 누이의 봉숭아 빛 눈물이 수국에 그렁그렁 맺혀 있는 것 같아서 수국을 볼 수가 없습니다. 그렇게 수국은 나에게 아픈 꽃입니다. 아리고 쓰린 꽃입니다. 바늘 끝처럼 아픈 꽃입니다. 수국을 보면 하얀 고봉 쌀밥이 생각나는 할머니, 한 대접 수북이 쌓아 올린 국수가 생각나는 어머니, 모두 상처 입은 이 땅의 어린 누이들입니다.

십자가에도 가장 아픈 사람의 심장이 있습니다. 사람들은 십자가를 신성시하며 종교적 관념으로 대합니다. 어떤 이는 평생 십자가를 만들어 나누는 일로 자기 믿음의 표징을 삼습니다. 하지만 나는 십자가가 너무 아픕니다. 아파서 똑바로 바라볼 수조차 없습니다. 정말 아픕니다. 사람의 아들이, 아니 누군가의 아들이 참혹하게 살해당해 시신이 매달린 그 나무가 나에겐 성스럽고 고귀한 종교적 상징이 아니라, 그를 낳은 어머니의 수국 같은 가슴입니다. 십자가는 이 땅을 살아가는 모든 어머니의 수국이며 눈물입니다. 비껴갈 수 없는, 모든 어머니와 누이들의 아픔이 십자가에 있습니다. 십자가에서 인간의 아픔과 절규를 보지 못하는 사람은 신의 형상도 볼 수 없습니다. 사람의 아들 예수도 헤아리지 못하는데 어찌 하나님의 아들을 헤아릴 수 있을까요.

양철지붕과 다다 얘기

　　장미가 시들 때쯤 장마는 시작됩니다. 아버지의 등짝처럼 땡볕에 달구어진 양철지붕으로 빗줄기가 쉬지 않고 쏟아지는 것을 장마라 합니다. 우리는 압니다. 빗방울 소리만 들어도 그것이 지나가는 비인지, 얼마간 이어질 비인지, 소리만 들어도 압니다. 빗방울의 굵기와 낙하 속도를 압니다. 빗방울이 지상에 부딪치는 소리를 듣고 우리는 알 수 있습니다. 먼지만 풀풀 날리던 개흙마당에 덩치 큰 수탉이 성질 사납게 뛰어가듯 물방울들이 마당을 움켜잡으면, 그것은 십중팔구 장마의 시작을 알리는 소나기입니다.

　　구름은 더없이 낮아져 이마를 덮은 더벅머리처럼 처마까지 내려오고, 지붕들은 고흐(Vincent Van Gogh)의 마을처럼 어둡습니다. 구름이 마을을 색칠하면, 우리는 온통 짙은 회색이 됩니다. 구름은 빛과 어둠의 경계선에 빗방울을 쏟아놓는 재미로 마을을 떠나지 않습니다. 우리는 모두 비에 갇혀 집 밖을 나갈 수 없게 됩니다. 사타구니에 곰팡내가 나도록 집안에 꽁꽁 묶여 있어야 합니다.

　　장맛비가 양철지붕을 때리는 소리는 말발굽처럼 사납습니다. 제 덩치보다 큰 배터리를 등에 진 트랜지스터라디오의 볼륨을 최대로 키워도 양철지붕을 달리는 군사들의 말발굽 소리를 이기지 못합니다. 강호를 달리는 기개 높은 병사들의 말발굽이 지붕 위를 밤낮없이 사나흘을 달리면 세상의 모든 것들이 짓무르고 맙니다. 뒷밭의 호박잎은 늘어진 개 혓바닥처럼 처지고 상추는 겉넘은 반거충이 지식인처럼 웃자라서 물러 버립니다. 담장을 타고 넘던 조선오이는 빗물에 팅팅 불어 싱거운 꺽다리가 되어 버립니다.

 머리에 피도 안 마른 애들도 방구석에만 처박혀 있으면 곰팡이가 슬게 됩니다. 애들은 아침이 되면 눈보다 귀가 먼저 열립니다. 오늘도 이놈의 비가 잦아들지 않을 거라는 사실을 직감합니다. 습한 냄새가 나는 궁색한 여름 이불을 둘둘 말아 망막으로 들어오는 빛을 차단하는 것으로 아침잠을 연장하려 합니다. 장마 때의 아침잠은 아무도 깨우지 않습니다.

 이쯤 되면 어머니도 아버지도 할머니도 어린 동생들도 다들 짓무른 시간을 어떻게 달래 볼 요령을 찾기 시작합니다. 아무도 깨우지 않는 아침을 건너 점심으로 가는 어중간쯤 어머니는 먹을거리를 준비합니다. 화덕에 무쇠솥 뚜껑을 뒤집어 놓고 기름을 둘러 부침개를 굽는 것을 철질이라고 하지요. 철질 하는 소리는 빗방울이 양철지붕을 때리는 소리보다 더 혁명적입니다. 푸르딩딩한 애호박과 약 오른 풋고추를 송송 썰어 밀가루에 반죽하고 철질을 하면, 세상을 뒤집는 냄새가 납니다. 온 동네 난리를 피웁니다. 기름으로 철판 지지는 냄새는 죽은 송장도 벌떡 일어나게 할 기세로 여기저기 머리 풀고

나다닙니다.

    부침개가 올라올 때마다 우리는 사나운 승냥이처럼 달려들어 사지를 찢습니다. 그리고 또 양철지붕을 밟고 지나가는 무수한 군홧발 소리를 들으며 사르르 잠이 듭니다. 장마는, 자고 먹고 눕고 또 자고 먹고 눕는 일이 아무런 죄책감 없이 반복되는 천국의 시간을 우리에게 선물합니다. 장마는 노동과 규범에 얽매인 일상의 지옥에서, 잠시 허락된 천국의 시간입니다.

    토란잎에 구르는 물방울 소리가 아슴아슴하게 들리는 저녁, 우리는 고흐의 그림처럼 낮은 촉수의 백열등 아래서 감자를 먹습니다. 잠도 부르고 배도 부르면 더 이상 바랄 것 없이 방구석 아무 데고 방자하게 드러눕습니다. 그리고 심심함과 무료함이 한 서 말쯤 쏟아져 나와 방구석을 여기저기 스멀스멀 기어 다니면 할머니의 '댜댜' 얘기가 주머니에서 삐져나옵니다. 종결어미 '~댜'로 끝나는 할머니의 블랙코미디와 호러 픽션, 휴먼 스토리가 우리의 귓가를 간지럽히는 시간입니다.

> "옛날 거시기에 뭐시기가 살었댜. 근디 그눔이 불알이 한쪽빼끼 읎었댜. 사내였거덩. 그눔이 걸어가면 방울 소리가 안 났댜. 불알이 한쪽빼끼 읎었거덩." 그러면 어린 동생 녀석이 벌떡 일어나 방구석을 뛰어다니며 "할머니, 나는 방울 소리 나쥬?"

내일은 비가 잦아들 것입니다. 아니, 그렇게 믿습니다. 믿음은 낡은 사실에 대한 염증이 낳은 새로운 신념입니다. 비가 온다는 지루한 사실의 연장(延長)을 끝내고, 비가 오지 않기를 바라는 염원이 믿음으로 귀착되는 것입니다. 그것이 우리의 믿음입니다. 내일은 방울 소리가 나도록 뛰어놀 수 있으리라는 믿음, 내일은 비가 오지 않으리라, 내일은 비가 오지 않으리라. 하나님 나라는 그 믿음의 고백입니다. 그래서 다다로 시작한 우리의 이야기와 상상은 확신을 거쳐 사실로 증명됩니다.

골목길, 시선이 만들어 낸 사건들

　내가 스무 살이던 해 김현식은 '골목길'이라는 노래를 불렀습니다. 정수라의 '아, 대한민국' 따위의 국뽕 가요에 신물이 난 청춘들에게 그의 블루스는 매우 신선했습니다. 그의 노래 '골목길'은 "골목길 접어들 때에 내 가슴은 뛰고 있었지"로 시작합니다. 그렇습니다, 골목길은 접어드는 곳입니다. 직선으로 난 대로가 아니라 꺾이고 휘어지고 구불거리는 인간의 마음을 닮은 좁은 길입니다. 그래서 그곳에서의 사랑은 직선이 아니라 곡선으로 접어들어야 합니다. 사랑도 사람 사는 하나의 과정일 뿐이라는 사실을 알게 됐을 때, 골목길에서 가슴 뛰던 젊은 날의 '나'는 이제 그곳에 없습니다.

　사람들은 자기를 은폐하기 위한 장치를 만듭니다. 그것이 굽어드는 골목입니다. 프라이버시(privacy)라고 불리는 이 은폐 장치들은 타인의 접근을 차단하기 위한 방어벽입니다. 그래서 골목은 자기의 사적 삶과 심리적 체온을 은밀하고 따뜻하게 보존할 수 있었습니다.

　하지만 이 세계에서 골목은 사라졌습니다. 직선적인 도로와 직선의 고층 건물들이 들어섰습니다. 이제 사람들은 직선적으로 바라보고 직선적으로 사고합니다. 감춤과 드러냄

이, 빛과 어둠이 교차하듯 적당한 거리를 두고 오가던 골목에 사람은 거역할 수 없는 하나의 풍경이었습니다. 골목은 사람과 사람 사이가 만들어 내는 시간이며 공간이었습니다.

골목은 공간이면서 여러 개의 사건이 중첩되는 시간입니다. 사람의 시선이 만들어 내는 사건입니다. 하나의 사건이 아니라 여러 개의 사건입니다. 골목에서 아이들이 뛰놀고, 골목에서 아쉬운 작별을 하며, 골목에서 술 취한 아버지가 자전거를 끌고 가다 넘어지고, 골목에서 고등어 굽는 냄새가 나고, 골목에서 사랑이 싹트고, 골목에서 이별하고, 골목에서 아이들의 투쟁이 시작됩니다. 골목에 사람이 있기 때문입니다. 골목은 건물들 사이로 난 여백으로써의 공간이 아니라 사람이 만들어 낸 풍경입니다. 외부를 향해 열린 시선은 그 풍경을 목격합니다. 그것을 바라보는 시선이 곧 사건입니다.

2022년 여름에 대전시 동구 소재동의 달동네 골목길에 카메라를 들고 잠입했습니다. 그곳은 재개발 구역으로 지정되어 사람들이 이사 가고 없는 텅 빈 동네였습니다. 사람이 없는 골목에 서서 명상하듯 상상을 합니다. 셔터를 누르기 전에 이 세계가 품고 있는 이야기들을 상상합니다. 그래야 이미지에 구속되지 않고 이야기를 그려 낼 수 있습니다. 사진은 이미지를 포획하는 그물이 아니라 사건을 만드는 하나의 시선입니다. 사건을 만들기 위해선 셔터를 빨리 눌러야 한다는 강박에서 자유로워야 합니다. 카메라 앵글을 보기 전에 호흡을 길게 하고 마음으로 대상을 깊이 봐야 합니다. 카메라는 인식의 기제이며 해석의 도구입니다. 사진은 기계적 메커니즘이 만들어 낸 이미지가 아니라 사람의 눈이 불어넣은 기계의 따뜻한 호흡입니다.

나는 골목에 서서, 사랑하는 여인의 불 꺼진 창을 쓸쓸하게 바라보는 심정으로 사람들을 그려봅니다. 겨울 아침에 연탄재를 버리러 나오는 여자의 부스스한 머릿결과 담장 너머로 쏟아질 듯 가지를 뻗은 라일락, 푸르른 감나무 그늘에 평상을 깔고 장기를 두는 여름날의 노인들, 자전거를 타고 빠르게 지나가는 청춘처럼 낙엽이 날리는 가을날의 풍경들. 골목이 아름다운 것은 사람이 있기 때문입니다.

사람이 없는 빈집 대문 앞에 잡풀들이 우거져 있습니다. 오동나무 씨앗이 떨어지고 자라서 장정같이 키가 크고 잎사귀가 청청합니다. 대문간 명패 옆에 '월세방있습니다'라고 나무판에 검정 페인트로 써 붙인 집입니다. 월세 구하는 나무판자 광고가 항시적으로 걸려 있어야 했던 이유는 세입자들이 오래 살지 못하고 자주 드나들었기 때문입니다. 벌어먹고 살기 위해 시골에서 대전으로 기차를 타고 오면 대전역 근처 월세방을 우선 찾아야 했을 것입니다. 월세방을 전전하는 출향민 하급 노동자들이 잠시 머물다 가는 곳이니 집의 내부 형편은 안 봐도 뻔할 것입니다. 연탄아궁이 하나 있는, 비좁은 부엌이 딸린 단칸방일 것입니다. 방에서 부엌으로 통하는 개구멍만 한 미닫이가 있는 쪽방일 것입니다. 비가 와서 공치는 날, 젊은 세입자는 방구들을 지고 누워 처마에서 떨어지는 빗소리를 들었을 테지요. 그리고 코가 찡한 연탄 냄새를 맡았을 겁니다.

두 사람이 겨우 비켜 갈 수 있는 좁은 골목에 빠끔하게 창을 낸 그 방은 아직도 외로움이 깊게 드리워 있습니다. 사랑을 잃은 젊은 여인이 커튼을 닫고 숨죽여 울다가 겨우 눈을 뜨고 창밖을 바라보았을 때, 지금 막 골목 끝으로 사라지는 남자의 외로운 뒷모습 봐 버렸겠지요. 세상 사람들은 누구나 다 외로움에 지쳐 있다고 이 골목 쪽방들의 손바닥 창문들은 하나같이 입을 모아 얘기하고 있습니다.

담장 너머 아직 물기가 다 마르지 않은 빨래가 눈에 띄는 집이 있습니다. 아직, 사람이 살고 있습니다. 모두 다 떠난 동네에 아직도 떠나지 못하고 남아 있는 사람이 있습니다. 패망한 나라의 백성 같은 슬픔이 빨랫줄에 걸려 외롭게 젖어 있습니다. 갈 곳이 없는 건가? 갈 곳이 없는 것은 사람을 빈궁하게 만듭니다. 그것은 돈이 없을 때 느끼는 빈곤보다 더 큰 가난입니다. 존재의 지향성이 사라진 사람처럼 외로운 이가 어디 있을까요? 그렇지요, 사랑은 존재의 지향성이지요. 내가 귀의할 누군가가 이 세상에 존재한다는 것, 그것은 내 존재의 근거지요. 그래서 우리는 연인을 사랑하고, 부모와 형제를 사랑하며, 신을 사랑하지요. 돌아갈 곳이 없는 사람은 존재할 수 없기 때문입니다.

이 골목 저 골목으로 접어들며 잃어버린 사랑을 찾듯 이야기의 실타래를 풀어 봅니다. 엄마 없는 빈집에서 엄마의 실타래를 푸는 개구쟁이 아이처럼 이야기의 실타래를 풀어 봅니다. 우리는 이야기함으로써 존재하고 이야기됨으로써 존재합니다. 이야기는 사람과 세상을 바라보는 시선이며 사건들입니다. 이야기되지 않는 이미지는 죽은 자의 초상일 뿐입니다. 골목은 사람이 만들어 낸 시선이며 사건의 그물망입니다. 골목에 서면 존재의 느낌이 풍성해지는 것은 그 때문입니다.

녹아내리는 시간

스페인의 초현실주의 화가 살바도르 달리(Salvador Dalí)의 그림 <기억의 지속>에는 해변을 배경으로 몇 개의 시계가 있습니다. 하지만 그것은 사물로서의 시계가 아니라 시간이라는 관념이 치즈처럼 나른하게 녹아내리고 있는 풍경입니다. 달리의 관념에 시간은 기계적 법칙에 따라 규정되는 질서가 아니라 사람마다 다르게 해석되는 주관적 경험입니다. 달리의 무의식과 환영 속에 그 시간은 녹아내리는 치즈 같습니다. 녹아내리는 시계들은 이 세계를 엄격하게 규율하는 시간의 질서를 거부합니다.

찰리 채플린(Charles Chaplin)은 <모던 타임즈>의 오프닝 신(scene)에서 근대적 시간관념을 보여 줍니다. 시계의 바늘이 여섯 시를 향해 가는 이른 아침에 양 떼들이 몰려가는 장면에 이어 공장 노동자들이 출근하기 위해 몰려가는 풍경을 연출합니다. 공장의 시스템에 의해 사육되는 인간의 모습을 풍자적으로 묘사한 것입니다. 근대성이란, 시간의 기계적 법칙에 따라 사람을 길들이고 그 시간의 톱니바퀴에 끼인 하급 생산직 노동자 채플린 같은 시민을 대량 생산하는 시스템이라는 뜻입니다. 이런 공장제 시간 규칙은 아이들을 공장에 보내도록 길들이고 사육하기 위해 학교라는 예비 공장 시스템을 구축하였습니다.

그런데 그 시간의 규칙에서 자유를 허락받는 날들이 있었습니다. 어린 시절의 여름방학입니다. 여름은 지상에 허락된 천국의 날들이었습니다. 늘어진 엿가락처럼 시간이 더디 흐르기 때문입니다. 여름방학이 되면 해가 똥구녕까지 뜨도록 늦잠을 잘 수 있습니다. 제비 새끼들이 처마 밑 둥지에서 노란 주둥이를 벌리고 왕왕거리듯이 늦잠에서 깨어나면 뱃속에서 제비 소리가 납니다. 그러면 기지개를 켜고 일어나 어머니가 밭일을 가며 소쿠리에 덮어놓고 간 삶은 감자를 먹습니다. 반질거리는 송판 마루에 배를 깔고 엎드려 이제 막 배운 모국어 자모를 공책에 연필로 꾹꾹 눌러씁니다. 영희야 가자, 철수야 안녕, 이라고. 행여 이제 막 배운 글자들이 날아가 버릴까 봐 혓바닥에 연필심을 찍어 가며 꾹꾹 눌러씁니다. 1 더하기 1은 2라고, 세상이 가르쳐 준 간단한 이치를 꾹꾹 눌러씁니다.

왕매미가 정오의 사이렌처럼 울어대면 해가 정수리에 걸립니다. 오래된 마루의 나이테 자국이 배에 깊이 박힐 때쯤이면 뱃속에서 도랑물 소리가 납니다. 부엌엔 소쿠리에 삼베 보자기로 덮어놓은 꽁보리밥이 있습니다. 보리밥 한 사발을 퍼 담고 우물에 끈을 매달아 내려놓은 김치통을 끌어 올려 열무김치 한 보시기를 마루에 올려놓고, 난 제비처럼 밥을 먹습니다. 학교라는 이름의 감옥에서 해방된 여름은 열무김치 하나만으로도 행복합니다. 자유는 밥입니다. 자유만큼 풍성한 먹거리는 없습니다.

담장 너머 땡볕에 그을린 애들 소리가 와자하게 들립니다. 놈들이 뭔가 재미난 일을 작당하고 있다는 직감이 낚싯줄처럼 팽팽하게 전해집니다. 먹던 밥숟갈을 아무렇지 않게 던져 두고 후다닥 뛰어나갑니다. 매미를 잡으러 가자는 패와, 물놀이를 가자는 패, 압숙골 오소리 굴에 연기를 피우러 가자는 패로 나뉘어 서로 핏대를 세웁니다. 어린 것들이 목소리는 커서 핏대를 세우며 싸우는 소리가 질리도록 우거진 앞산을 넘어갑니다. 오소리 패가 패배하고 매미 패와 물놀이 패가 남습니다. 두 패는 끝내 합의점을 찾지 못하고 각자의 길을 갑니다.

물놀이는 역시 빨가벗고 텀벙 뛰어드는 맛입니다. 우리는 말바우에 쏟아지는 물소리보다, 첨벙거리는 물소리보다, 더 큰 소리로 땡볕을 작살내 버립니다. 세상의 모든 자유는 둠벙에 있고, 세상의 모든 에너지는 아랫도리에 있습니다. 다이빙을 하거나 개구리헤엄을 치거나, 물장구를 칠 때, 모든 에너지는 아랫도리에 몰립니다. 개헤엄도 못 치는 어리석은 것들은 발을 구르지도 않고 손으로만 허우적거리다가 물속에 머리를 처박고 맙니다. 그래도 그것을 아무도 탓하지 않습니다. 재밌으면 됐지 폼은 잡아서 뭐 하냐는 게 우리의 암묵적인 동의였으며 철학이있습니다. 입술이 파래지고 손가락 지문이 오이장아찌처럼 쪼글쪼글해지면 우리의 쪼그만 고추는

| 1부 | 제일 느리게 가는 기차

자라목처럼 기어들어 갔습니다. 그러면 바위 위에 몸을 누이고 해바라기를 합니다. 뜨겁게 달구어진 너럭바위와 몸 위에 내리쬐는 땡볕이 은혜로운 시간입니다. 햇볕 쏟아지는 하늘을 보다가 눈이 시리면 토란 잎을 따다 얼굴을 덮고 다시 눕습니다. 몸이 뜨거워지면 다시 풍덩, 그러다가 다시 해바라기, 풍덩, 해바라기를 반복하다 그조차 질려 버리면 집으로 가면 됩니다. 돌아갈 집이 있다는 것이 존재를 얼마나 풍성하게 하는지 그때 알게 됩니다.

나른해진 몸을 툇마루에 누이면 저녁연기처럼 잠이 찾아옵니다. 또다시 어둠이 오면 마당에 멍석을 깔고 온 식구가 둘러앉아 옥수수를 먹습니다. 나는 할머니의 무릎을 베고 누워 별들이 쏟아지는 밤하늘에 눈알을 빠뜨립니다. 별들의 바다에 개똥벌레도 몇 마리 헤엄칩니다. 우리도 어쩌면 저 별들에게는 다른 별이 아닐까, 생각합니다.

풍만한 날들이 나에게 준 축복의 시간입니다. 소설가 박민규는 '삼미 슈퍼스타즈의 마지막 팬클럽'에서 "인생의 모든 날은 휴일"이라고 말합니다. 우리에게 주어진 그 풍만한 시간은 "새 치약의 통통한 몸통을 힘주어 누르는 기분" 같은 것이었습니다.

학원도 과외도 내신도 입시도, 아무것도 우리를 탄압할 수 없었습니다. 탄압받지 않는 자는 복이 있으니, 새까만 꽁보리밥 같은 어린 날의 여름이 우리에겐 천국이었습니다. 천국에선 미래의 행복을 위해 오늘의 행복을 포기하라고 협박하지 않습니다. 단지 오늘을 즐겁고 건강하게 살아가는 게 최선의 일이었습니다. 오늘의 행복은 오늘 맛보지 않으면 영원히 찾아오지 않는다고 누가 가르쳐 주지 않았는데도 우리는 그것을 신념처럼 붙들고 놀았습니다. 오늘의 행복을 포기한 대가가 반드시 미래의 행복이 되지 못한다는 걸 우리는 직감적으로 알았습니다. 명문대학교를 나오고 세속적으로 성공한 사람들은 다 행복한가? 돈 많이 버는 재벌 회장들은 다 행복한가? 우리는 거짓에 속고 있는 것입니다. 거짓으로 우리 아이들의 행복을 강탈하고 있습니다.

아이들은 충분히 잠잘 자유가 있습니다. 아이들은 충분히 놀 권리가 있습니다. 아이들은 보장되지 않는 미래에 붙잡혀 오늘을 탄압당하지 않고 자유롭게 놀며 자유롭게 꿈꾸고 자유롭게 뒹굴 수 있어야 합니다. 인간에게 교육이라는 거짓말처럼 사악한 것도 없습니다. 교육이라는 이름으로 아이들의 행복한 날들을 빼앗는 건 죄악입니다. 그것은 인간성을 죽이는 가장 야만적인 일입니다.

끙끙 앓는 엄마

 엄마는 폭탄입니다. 혼자 사는 나이 드신 엄마에게 예상치 않게 찾아오는 통증이나 낙상 같은 부상은 자식에겐 시한폭탄이나 마찬가지입니다. 늦은 밤에 폭탄이 터졌습니다. 엄마에게 다급한 목소리로 전화가 온 것입니다. 늦은 시간이나 새벽에 엄마에게 오는 전화는 폭탄입니다. 급박한 사태가 발생했다는 신호입니다. 온몸에 오한이 나고 사지가 마비되는 증상이 있답니다. 119에 신고부터 하여 긴급조치를 받게 하고 후다닥 차를 몰고 달려갔습니다. 내가 도착했을 즈음엔 다행히 안정을 되찾는 중이었습니다. 119대원의 말에 의하면 혈압과 당뇨, 산소포화도 등에 문제가 없고 안정되고 있으니 지켜보자고 합니다.

 이젠 괜찮으니 얼른 집에 가서 편히 자라고 엄마는 닦달합니다. 그래도 맘이 편치 않아 집에 올 수 없었습니다. 목회하는 가난한 자식 등골 빼먹는다고 한겨울에도 보일러 한 번 안 켜고 사는 엄마의 집은 늘 냉골입니다. 당신은 그 냉골에서 전기장판 하나로 겨울을 나면서도 아들에겐 따뜻하게 자라고 기어이 쫓아 보내려 합니다. 그래도 오늘 밤만은 그러면 안 될 것 같아 엄마 옆에 눕습니다.

이불을 두껍게 깔고 패딩을 입은 채로 누웠는데도 바닥에서 냉기가 올라옵니다. 불 꺼진 방에 사르륵사르륵 싸락눈 소리 내며 엄마의 숨소리가 들립니다. 물속으로 빠져들 듯이 가물가물하게 잠 속으로 침잠해 들어갑니다. 엄마의 잔기침 소리에 화들짝 잠이 깨어, 나는 "엄마?"라고 불러 봅니다. "나 괜찮아, 얼렁 자." 엄마는 이불을 내 턱밑까지 바짝 끌어 올려 줍니다. 그리고 더듬거려 내 어깨가 이불 밖으로 나오지 않았는지 확인합니다.

나는 온몸의 촉수가 예민해져 있습니다. 엄마가 몸을 뒤척이는 소리나 쿵쿵거리는 소리를 내면 잠결에도 "엄마?"라고 불러서 존재를 확인합니다. 혹시라도 엄마가 숨이라도 멎지 않았을까, 하는 두려운 마음이 잠결에 자꾸 엄마의 손을 잡아 봅니다. 그런데 잠결에 어렴풋이 엄마의 끙끙 앓는 소릴 들었습니다. 아픈데도 아들의 잠을 깨울까 봐 앓는 소리 안으로 삭이는 소리였습니다. 엄마는 고통을 최소한으로 압축하여 안으로 삭이며 평생을 살아왔습니다.

나는 엄마의 앓는 소리에 담긴 아픔의 질량을 압니다. 엄마의 숨소리에서 느껴지는 잠의 깊이와, 엄마의 손에서 전해지는 체온과, 엄마의 앓는 소리에서 감지되는 아픔의 질량을 대충 압니다. 이 밤을 견딜 만한 정도인지, 긴급하게 응급실에 가야 하는 정도인지 압니다. 오늘 밤은 그냥 견딜 만한 것 같습니다. 그래도 불안해서 자꾸 엄마를 불러 봅니다. "엄마?"라고.

내 맘이 삐뚤어져 교회에 나가지 않을 때 엄마는 끙끙 앓았습니다, 교회를 안 가면 하나님을 안 믿는 줄 알고. 내가 술 퍼먹고 들어와 똥종이처럼 아무 데나 구겨져 잠들었을 때 엄마는 끙끙 앓았습니다, 내 삶이 방탕해지는 줄 알고. 내가 삼박사일 잠도 안 자고 불온한 책들을 읽고 있을 때 엄마는 끙끙 앓았습니다, 저러다 빨갱이 되는 줄 알고. 연락도 없이 몇 날 며칠 집에도 안 들어갈 때 엄마는 끙끙 앓았습니다, 데모하다 잡혀간 줄 알고. 엄마는 평생 한 번도 빠지지 않고 새벽기도를 나갔습니다. 우리 큰아들 목사 되게 해 달라고. 여든네 살 지금도 새벽기도를 거르지 않습니다. 우리 큰아들 삯꾼 목자 되지 않게 해 달라고.

엄마는 가엽습니다. 엄마는 사랑스럽습니다. 그리고 우리 엄마는 귀엽습니다. 도토리, 알밤을 줍는 다람쥐처럼 조그만 손가방을 들고 다닙니다. 거기에는 주민등록증, 교통카드, 복지카드 같은 것들이 살뜰하게 한 살림 채워져 있습니다. 그리고 가끔 사탕 두어 개도 들어 있습니다. 엄마는 나를 보면 뭔가 주고 싶어서 안달입니다. 육십이 넘은 아들인데도 사탕 하나라도 까서 살뜰하게 입에 물려줘야 직성이 풀립니다. 도토리를 주워다 새끼에게 까 먹이는 다람쥐처럼 작은 손가방을 든 우리 엄마는 참 귀엽습니다.

나는 그런 엄마가 있습니다. "엄마"라고 부를 때 가슴이 출렁 채워집니다. "엄마"라고 부를 수 있다는 게 얼마나 큰 축복인지 이제야 알겠습니다. 그 엄마가 아직은 곁에 있다는 사실이 내 실존의 밑바닥에 방석처럼 깔려 있습니다. '엄마'라는 우주가 있어 나는 지금까지 자전하며 공전의 궤도를 이탈하지 않았습니다. 엄마의 중력 때문에 나는 지금 여기에 있습니다.

제일 느리게 가는 기차

낭만이라 부르는 인간의 마지막 시대가 있었습니다, 이 건조하고 차가운 기계의 시대가 오기 전에. 나는 마지막 낭만의 시대를 살았던 사람입니다. 이 비극적인 시대가 오기 전에 나는 감성과 이상을 통해 세계와 사물을 직관하는 삶을 살았습니다. 내가 낭만의 시대를 산 마지막 세대라는 걸 힘주어 말하고 싶습니다. 그렇습니다, 내가 마지막 세대입니다. 이 시대는 세계와 사물을 수학적 도식과 물리적 관념으로 분석하는 것으로 인간 자신을 신(神)의 반열에 올려놓았습니다. 지금은 낭만이 학살당하고 거부되는 기계 시대입니다.

그때는 그랬습니다. 가난도 낭만이었고 사랑의 아픔도 낭만이었습니다. 슬픔도 외로움도 낭만이었습니다. 낭만은 삶을 지탱시켜 주는 일종의 리비도(libido)였습니다. 내 속에 있는 추억들은 다 낭만의 지층에 고여 있는 것들입니다. 추억이라서 낭만이 되는 게 아니라 낭만적인 것들이 추억이 됩니다. 요즘 아이들의 추억은 추억이라기보다 기억에 가깝습니다. 메모리 장치에 저장된 데이터 같은 것 말입니다.

내 추억의 층위에 비둘기호가 있습니다. 낭만의 시대를 달리던 기차 중에 가장 느리게 가는 게 비둘기호였습니다. 아주 작은 간이역도 거르지 않고 꼼꼼하게 살피며 쉬어가던 기차, 낭만 비둘기는 가난한 사람들을 태우고 먼 길을 천천히 달렸습니다. 낭만파 청년들은 객차 안에서 싸구려 술을 마시고 기타를 치며 고래사냥을 불렀습니다. 그러다 지치면 선반 위에 몸을 누이기도 했습니다. 비둘기호 객차 안은 시골 장터처럼 시끌벅적했습니다. 하지만 누구도 그것을 탓하지 않았습니다. 그게 그 시대의 낭만이었고 문화였습니다.

스무 살에서 서른 살 사이, 나는 밤 비둘기호를 타고 목포에 가는 걸 좋아했습니다. 목포라는 도시에 애정이 있거나 특별히 볼 일이 있었던 건 아닙니다. 자정이 다 되어갈 무렵 서대전역에서 기차를 타면 기차는 어둠의 심연을 향해 느린 걸음으로 나아갔습니다. 어둠 속을 달리는 호남선 완행열차에 촌부들이 사투리를 입에 물고 오르면 새벽이 다가오고 있다는 뜻입니다. 눈을 감은 채 귓구멍만 살짝 열어 놓고 듣는 풍성한 전라도 방언들은 갯벌을 닮았습니다. 종아리가 푹푹 빠지는 갯벌 같은 방언 속을 헤엄치는 짱뚱어처럼 비둘기호 열차는 아침을 향해 펄쩍펄쩍 기어갔습니다.

이른 아침에 목포역에 몸을 부리면, 밤새 자다 깨기를 반복한 내륙의 몽롱한 정신을 갯 비린내가 가차 없이 헹구어 버립니다. 갯내에 일격을 당하고 나는 이승에서 저승으로 쫓겨난 듯, 다른 사람이 되어 버립니다. 여행은 죽음을 연습하는 것인지도 모릅니다. 내륙의 일상이 잡아당기는 중력을 거부하고 낯선 곳으로 비상하는 느낌, 그건 어쩌면 죽음의 맛인지도 모릅니다. 심야에 호남선 완행열차를 탈 때 밤에서 아침으로, 닫힌 내륙에서 열린 바다로 느릿느릿 열리는 것을 경험할 수 있습니다. 그 느낌이 참 좋았습니다.

옷깃에 묻은 눈발을 털어 내듯 잠을 털며 목포역 근처 포장마차에서 술국을 먹고 나면 그곳은 내게 낯섦과 익숙함을 동시에 보여 주었습니다. 홍어 삭는 냄새처럼 인간의 비루함과 인간의 깊이가 그곳에 있었습니다. 나는 그래서 홍어를 좋아합니다. 인간에게 삭힌 홍어 맛이 나기 때문입니다. 목포에 가면 내가 즐겨 가던 홍어집이 있습니다. 지금도 그곳이 거기 있을까요?

지금은 가장 느린 기차가 무궁화호입니다. 비둘기호가 있을 때는 새마을호 다음가는 속도 서열 2위의 고속 열차였는데 지금은 가장 느린 기차가 됐습니다. 하지만 이것도 내겐 너무 빠릅니다. 세 시간이면 목포에 도착합니다. 느림의 기쁨은 없지만 그래도 이 시대에 제일 느리게 가는 기차를 탑니다. 가끔은 느리게 가는 것도 좋습니다.

2부

바다가 보이지 않는
구간을 지날 때

대신 울어주는 여자

조선시대에 곡비(哭婢)라 불리던 사람들이 있었습니다. 대신 울어 주는 여자(계집종)를 그렇게 불렀습니다. 사대부 집안에 상을 당하면 유교적 관례와 풍습에 따라 상주(喪主)는 장례를 마칠 때까지 연이어 곡(哭)을 해야 했습니다. 상주의 곡소리가 시원찮으면 불효자라는 오명을 얻을 수도 있었습니다. 부모가 돌아가셨는데 울지 않는 자식은 천치나 불효자 취급하는 게 유교 사회 정서였습니다. 그 때문에 부모의 장례 땐 슬픔의 가면을 쓰고 억지로라도 울음을 쥐어짜지 않으면 안 되었습니다. 이럴 때 대신이라도 울어 주는 사람이 필요했던 것입니다.

남자보다 여자의 소리가 더 슬펐겠지요. 조선 오백 년, 남자들의 주자 성리학 아래 숨죽여 살며 밥하고 빨래하고 길쌈하고 농사짓고 자식 낳아 기르면서 배곯고 살던 조선 상민가의 아낙에게 슬픔이 금방 터져 버릴 봇물처럼 쌓여 있었겠지요. 그 아낙들이 타인의 상사(喪事)에 대신 울어 주며 애달픔을 달랬던 것입니다. 그래서 그니들의 울음은 더없이 슬프고 애절했을 겁니다. 곡소리가 애절할수록 상갓집에 더 자주 불려 다니고 더 많은 보수를 받을 수 있었던 사람들, 그니들의 울음은 죽은 자를 위한 통곡이 아니라 오늘을 살아야 하는, 산 자의 애절함이 뼛속에 사무친 것이었습니다. 남의 상사에 거짓 울음을 울어 주지만 내 삶의 무게가 울음으로 터져 나올 때, 그것은 주변부를 울음으로 끌어들이는 중력장이 됩니다.

내가 중학교 때 외조부께서 돌아가셨습니다. 1979년 12월이었지요. 외조부께서 객지의 아들집에 거하다 돌아가셔서 영구차를 타고 고향 마을로 돌아오던, 그날을 나는 잊지 못합니다. 마을 앞 공터에 상여가 꾸며지고 마을 사람들이 문상하는 절차가 있었습니다. 그때 외조부의 조카며느리 되는 아주머니가 상여 앞으로 비척비척 걸어 나오며 "나 곡 못하는디, 워떡한댜."라고 했습니다. 그러던 그녀가 막상 상여 앞에 엎드려져 곡할 때, 그 말은 겸양의 표현이었다는 걸 알았습니다. 그녀가 곡을 시작했을 때, 모여 섰던 동네 사람들은 작은 소리로 속삭였습니다. "저니가 그래도 이 근방에서 곡은 젤로 잘혀." "암, 곡 하나는 천하일색 양귀비지."

그녀의 곡은 단순한 울음이 아니었습니다. 내려가는 자리와 올라가는 자리, 당겨야 할 곳과 밀어야 할 곳, 숨을 끊었다가 내쉬는 타이밍, 그 모든 과정이 정교하게 편집된, 일인용 교향악이었습니다. 정가와 판소리와 경기민요가 그녀의 소리 가운데 한 호흡으로 베를 짰습니다. 우는 것과 곡하는 것은 다른 것이었습니다. 곡(哭)은 울음이 아니라 기가 막히게 잘 짜인 하나의 곡(曲)이었습니다. 그것에 굳이 이름을 붙이 자면 곡곡(哭曲)이라 할 수 있습니다. 곡곡은 사람을 근원적 슬픔에 빠뜨리는 노래입니다. 그녀가 곡할 때 나도 울고 동네 사람도 다 울었습니다. 산천이 다 흐느끼는 것 같았습니다. 그녀는 조선 곡비의 잔상이 남아 있는 마지막 여인이었습니다.

고종황제가 승하하여 국상(國喪)을 치를 때 전국의 내로라하는 곡비들이 장안에 몰려들었습니다. 그녀들의 곡소리는 한양 도성을 눈물바다로 만들었습니다. 곡소리를 직접 듣지 못한 먼 지방의 촌부들에게까지도 곡비들의 뼈를 저미는 울음소리가 풍문으로 흘러갔습니다. 나라 잃은 백성의 설움이 곡소리 따라 홍수처럼 범람했던 것입니다. 그 곡비들의 애절한 울음은 40여 일 뒤에 전국적인 만세운동으로 폭발했습니다. 3.1운동은 대신 울어 주는 여자들의 레퀴엠(requiem)이 만든 저항 운동이었습니다. 간절한 울음은 막힌 것을 뚫는 힘이 있습니다.

박지원은 청나라 사신의 행렬을 따라 중국에 갔다가 광활하게 열린 요동 벌판을 만났을 때 "한바탕 통곡하기 좋은 곳(好哭場)이로구나!" 하고 탄성을 질렀습니다. 동행한 이가 깜짝 놀라 물었습니다. 드넓은 벌판을 보고 통곡할 것을 생각하는 연유가 무엇이냐고. 이에 박지원은 이렇게 대답합니다.

> "칠정(七情)은 모두가 울 수 있는 거라네. 기쁨이 사무쳐도 울게 되고, 노여움이 사무쳐도 울게 되고, 슬픔이 사무쳐도 울게 되고, 즐거움이 사무쳐도 울게 되고, 사랑함

이 사무쳐도 울게 되고, 미움이 사무쳐도 울게 되고, 욕심이 사무쳐도 울게 되는 것이야. 왠 줄 아는가? 근심으로 답답한 걸 풀어 버리는 데에는 소리보다 더 좋은 게 없다네. 울음이란 천지간에 우레와도 같은 것일세. 지극한 정이 발현되어 나오는 것이 절로 이치에 맞는다면 울음이나 웃음이나 무엇이 다르겠는가?"

[박지원《열하일기》'호곡장(好哭場)']

    돈 벌러 나간 아버지가 열흘을 넘겨 집에 오지 않을 때가 있었습니다. 납작하게 눌린 봉지 보리쌀을 사 먹던 엄마는 그것마저 떨어지면 젖먹이 막내를 재워 놓고 둘째와 셋째를 내게 맡긴 채 밤에 집을 나갔습니다. 어느 날은 자정이 넘도록 돌아오지 않았습니다. 막내가 깨어 울음을 그치지 않으면 나는 아기를 업고 엄마를 찾아 여기저기 쏘다녔습니다. 어느 날은 어디선가 여인네 울음소리가 길고 가느다랗게 흘러나왔습니다. 그 소리를 따라가니 동네 교회였습니다. 어두컴컴한 교회 안에 한 여인이 배고픈 승냥이처럼 울고 있었습니다. 어둠 속에서도 교회 현관에 놓인 하나의 신발이 엄마 것이라는 걸 알 수 있었습니다.

    어린 자식들을 굶주림의 벼랑 끝에 세워 놓고 엄마가 할 수 있는 일은 우는 것밖에 없었습니다. 깊은 밤 교회는 엄마가 맘껏 소리 내 울 수 있는 곳이었습니다. 그곳에 하나님이 거하신다는 생각, 그곳에서 친정엄마를 만난 듯이 하소연하고 넋두리하고 마음을 다 쏟아 놓으면 그분이 들어주시리라는 믿음은 교회를 울기 좋은 곳으로 만들었습니다. 심야의 교회는 엄마의 울음 터였습니다.

엄마의 눈물에는 자기의 무게만 있었던 게 아닙니다. 배운 거 없고 가진 거 없이 뭐라도 해서 식솔들을 먹여 살려야 하는 지아비의 무게도 있었습니다. 돈벌이를 위해 아내와 젖먹이까지 사글세 단칸방에 버려두고 대처를 떠돌고 있는 외로운 들짐승 같은 지아비의 삶의 무게가 엄마를 짓눌러 통곡의 눈물을 터트린 것입니다. 어린 새끼들을 앞에 두고도 밀가루 한 줌 없는 오늘의 벼랑 끝 삶이 눈물샘을 폭발시킨 것입니다. 울고 싶지만 울 수 없는 가장의 무게가 더하여 한 여인을 통곡의 늪으로 빠뜨린 것입니다. 가장의 가난하고 외로운 영혼이 아내의 눈물샘에서 용천수처럼 솟았던 거지요.

밤이 깊어 아무도 없는 예배당은 가난하고 외로운 사람에겐 한바탕 통곡하기 좋은 요동 벌판 같은 곳입니다. 교회를 성전(聖殿)이라는 이름으로 부를 수 있다면 그곳이 요동 벌판 같은 하나님의 품이기 때문입니다. 사람이 존재의 가장 깊은 곳에 들어가 자기를 던져 넣고 울 수 있는 곳, 그곳은 성소(聖所)입니다. 그리고 가족이라는 이름의 타인을 위해 성소에서 대신 울어 주는 여인, 그 이름은 어머니입니다.

아카시아나무 아래서 웬수를 만나다

웬수 없는 인생은 없습니다. 누구든 살면서 웬수지고 살아가는 사람은 한두 명 있게 마련입니다. 평생의 웬수는 아닐지라도 일정 기간의 원한은 늘 새로 생기고 없어지는 게 인생사입니다. 얽힌 실타래를 풀어내듯 웬수에게 맺힌 마음을 풀어내는 게 삶의 묘미지요. 어린 시절은 또래 아이들과 함께 인생의 기술을 배우는 시기입니다. 그래서 '애들은 싸우면서 큰다'고 하지요. 싸움을 통해 상처받아 본 자가 타인의 상처를 이해할 수 있고, 화해의 기술을 익히며 복잡한 인생사를 풀어 나갈 지혜를 습득한다고 생각한 것입니다.

치과에서 신경치료를 위해 잇몸에 마취를 하고 두어 시간 동안 입술 주변에 감각을 잃었습니다. 그 두어 시간 동안 마비된 입술 주변부가 마치 퉁퉁 부어오른 듯한 느낌이었습니다. 그 느낌은 기억에서 지워진 옛날 일을 소환했습니다. 초등학교 4학년 때였던 것 같습니다. 무슨 일로 다투었는지 기억나지 않습니다. 사소한 말다툼으로 시작해서 육박전까지 갔고 막대기와 돌멩이가 동원되는 막장 전투로 확대됐습니다.

진수가 나에게 먼저 막대기를 휘둘렀습니다. 나는 돌멩

이로 그의 머리통을 휘갈겨 보복했습니다. 머리에서 붉은 피가 손에 만져지자 진수는 주저앉아 울었습니다. 내 승리였습니다. 그런데 막대기에 맞은 내 왼쪽 윗입술 주변이 점점 부어오르며 시커멓게 멍이 들었습니다. 그때 멍들고 부어오른 입술의 감각이 치과의 마취로 인한 감각과 동일했습니다. 그런데 그날 저녁에도 다음 날에도, 그리고 그다음 날에도 우리 엄마나 진수 엄마는 핏대를 세우며 시시비비를 따지지 않았습니다. 애들이 크면서 싸울 수도 있는 거지 뭐, 하는 게 당시 우리네 부모들의 태도였습니다. 아이들 문제는 아이들이 알아서 해결하도록 내버려둔 것입니다. 애들은 싸우면서 지혜가 자라고 성숙해진다는 것을 믿고 있었기 때문이었겠지요.

    치과 마취가 풀리지 않은 두어 시간 동안, 친구와 심하게 싸워서 얻은 윗입술의 상처와 그로 인한 무감각이 옛날 기억을 떠올리게 합니다. 몸이 감각을 일으키고 감각이 기억을 불러와 과거의 시간으로 나를 데리고 간 것입니다. 우리의 몸은 우리의 두뇌보다 훨씬 많은 정보를 저장하고 있습니다. 우리의 몸은 우리가 잠들어 이성(理性)이 정지된 시간에도 우주와 세계의 정보를 감각으로 온몸에 저장하고 있는 것입니다.

    그날 전투 이후 우린 웬수가 되었습니다. 아는 척도 안 하고 말도 안 하고, 아이들 여럿이 있는 자리에서 웬수가 끼어 있으면 그 자리를 서로 피했습니다. 어느 날 하얀 꽃이 흐드러진 아카시아나무 아래 웬수가 먼저 와 있었습니다. 긴 끈에 돌을 매달아 돌팔매로 높은 곳에 있는 아카시아 가지를 휘어잡아 꽃을 따 먹는 게 그 시절 우리의 간식 조달 방법이었습니다. 그 웬수가 아카시아 향기가 흐드러진 나무 아래 있었습니다. 그냥 돌아서 가자니 쪽팔린 생각이 들었습니다. 내가 진수에게 패배하여 물러나는 느낌이 들었습니다. 아무 말 없이 다가가 당당한 척, 꽃을 따 먹기 시작했습니다. 웬수와의 멀고 낯선 심리적 거리가 좀처럼 좁혀질 리 없었습니다. 그런데 아카시아꽃이 주렁주렁 매달린 가지가 내 앞으로 갑자기 쑥 내려왔습니다. 높은 가지를 휘어잡아 꽃을 따 먹던 진수가 내 앞으로 한 가지를 끌어내려 준 것입니다.

아카시아 꽃향기가 가슴으로 와락 안겼습니다. 순간 나는 그 사태에 어떻게 대응해야 할지 몰라 당황했습니다. 이 웬수가 나에게 호의를 베푸는 것인가, 아님, 짓궂은 장난으로 골탕을 먹이려는 것인가? 짧은 순간 진수의 얼굴을 스쳐보았고 그것이 호의라는 걸 직감했습니다. 나는 말없이 아카시아꽃을 따 먹었습니다. 그 서먹했던 시간이 겨우 1, 2분 정도였지만 많은 상념 때문에 엄청 길게 느껴졌습니다. 마음에 일어나는 수많은 감정과 생각의 파장이 아카시아 향기처럼 부드럽게 바뀌는 데 많은 시간이 필요치 않았습니다.

어느 순간에 나는 멋쩍게 말을 던졌습니다. "괜찮냐?" "응, 너는?" 그것은 내 이성이 판단하고 명령한 것이 아니었습니다. 순전히 아카시아 향기 때문이었습니다. 아카시아가 가슴에 와락 안긴 순간, 생각이 아니라 몸이 먼저 말을 걸었던 것입니다. 가시가 많은 아카시아나무를 다루는 일은 여간 조심스럽지 않았습니다. 그래서 여기저기 찔리기 일쑤고 팔뚝이나 손등이 긁히고 손가락 마디에 피를 보는 것쯤은 여사로 알아야 했습니다. 하지만 사소한 일에 관심을 두고 들여다보는 것으로 웬수와의 심리적 거리는 좁혀집니다. 손가락에 티끌만 한 핏빛이 비쳤을 때, "괜찮냐?" "응, 괜찮어." 같이 짧은 문답으로 벽이 쉽게 허물어집니다.

    그런데 그날 해가 지도록 아카시아꽃을 따 먹다가 진수는 벌에 쏘이고 말았습니다. 그의 손등이 두꺼비처럼 부풀어 올랐습니다. 진수를 우리 집 장독대에 데리고 가 된장독을 열었습니다. 부풀어 오르는 진수의 손등에 된장을 발라주고 집에 데려다주었습니다. 진수 엄마가 밥 먹고 가라는 걸 괜찮다며 그냥 오려는데, 진수가 말없이 내 등을 제집 마루로 밀어 올립니다. 노을이 보이는 진수네 마루에는 진수 아버지, 엄마, 첫째 진선이 형님, 둘째 진국이 형님, 내 친구 진수, 그리고 손아래 남동생 진식이와 이름이 기억나지 않는 막냇동생 들이 둘러앉았습니다. 된장국과 묵은김치를 먹는 진수네 5형제의 밥상이 두려웠습니다. "왜, 우리 동생 머리통을 깼냐!"고 눈을 부라릴 것 같았습니다. "왜 우리 아들 박통을 깨뜨렸냐!"고 혼꾸녕을 낼 것 같았습니다.

    하지만 누구도 그런 말을 하지 않았습니다. 다 알고 있었지만, 일부러 말을 꺼내지 않는다는 걸 나는 알고 있습니다. "많이 먹어라." "싸우지 말고 놀아라." 그게 전부였습니다. 진수는 엄마 아빠의 그늘과 다섯 형제의 울타리를 가지고 있었습니다. 그것은 진수가 가진 엄청난 배경이고 힘이었습니다. 하지만 그들은 나에게 그 힘을 과시하지도 않았고 은연중에라도 내비치지 않았습니다. 밥상에 비좁게 둘러앉아 밥을 먹는 진수네 식구들의 몸에서 따뜻한 우애와 정감이 흘러나오는 걸 느꼈을 뿐입니다. 그것이 사람의 향기라는 걸 환갑이 다 돼서야 알게 됐습니다.

사람의 향기는 머리가 아닌, 몸이 기억한다는 걸 치과 마취 두어 시간 동안 알게 됐습니다. 추억은 머리가 아니라 몸에서 재생되는 것입니다. 아직도 내 몸에 뿌리내리고 있는 내 불알친구 전진수와 그의 가족에게서 아카시아 향기가 납니다. 지금도 아카시아 꽃그늘에 가면 사람의 향기가 납니다.

너는 버찌가 왜 열렸는지 아냐?

　어린 시절 시골 아이들은 산야에 피는 풀꽃이나 야생 열매들을 따 먹는 것으로 간식을 스스로 마련해야 했습니다. 오뉴월은 새들이 공중에 자유를 풀어 놓기 딱 좋은 날들입니다. 딱새가 둥지에 알을 낳고 길가에 뱀딸기가 붉게 익는 계절입니다. 아이들이 몸살 나게 가지를 휘어 가며 따 먹는 오디의 때가 지나면 산속에는 야생 벚나무들이 꽃을 쏟아 낸 자리에 노루 눈망울 같은 버찌 열매를 매달았습니다. 엄마의 풍성한 치마폭에 싸이듯이 아이들은 풍성한 벚나무 가지마다 매달려 버찌를 따 먹는 것으로 흥이 납니다.

　나보다 세 살 위의 동네 형이 있었습니다. 내가 국민학생이었을 때 그는 수줍은 사춘기를 보내던 중학생이었습니다. 기호였던가, 이름이? 조용하고 생각이 깊은 형이었습니다. 나이에 걸맞지 않은 조숙함이 그를 멜랑꼴리하게 할 때도 있었던 것 같습니다. 하지만 가끔 익살스러울 때도 있었고 숨어 있던 끼가 톡톡 튀어나올 때도 있는, 아직은 아이였습니다.

　어느 날 내가 걸터앉은 벚나무 옆 가지에 바짝 붙어 버찌를 따 먹던 그가 갑자기 내 이름을 불렀습니다.

"선주야!"

"왜?"

"버찌가 왜 열렸는지 아냐?"

"왜?"

"따 먹으라고…, 따 먹으라고 열린 거여."

나는 그가 장난하는 줄 알았습니다. 맞습니다. 그는 가끔 그런 식의 시니컬한 말장난을 했습니다. 그것으로 우리의 대화는 싱겁게 끝났습니다. 그런데 불행한 일로 세상을 일찍 버린 그의 한마디가 내 인생의 강물에 종이배를 띄우고 계속 따라왔습니다. 그가 나를 보며 씨익 웃을 때 버찌 물든 검은 입술 사이로 버찌 찌꺼기들이 흰 이빨을 다 점령하고 있었습니다. 우스꽝스럽고 천진스러운 그 모습이 내 기억에 목판화처럼 깊게 찍혀 있습니다.

삶이 힘들고 지쳐 '삶은 왜 이렇게 힘들고 괴로운가?'라고 물을 때, "버찌가 왜 열렸는지 아냐?"라는 그의 말이 의식의 수면 위로 부상하고 "따 먹으라고 열린 거여."라는 대답이 뒤를 잇습니다. 이 말은 다시 "삶은 즐기라고 있는 거여."라는 말로 치환됩니다. 인생의 문제 앞에, 엄숙한 종교적 도그마 앞에, 부끄러운 가난 앞에, 나는 지금 인생을 즐기지 못하고 있다는 자책감이 들고, 왜 그런지 스스로 반문하기에 이릅니다.

이란의 영화감독 압바스 키아로스타미의 <체리 향기>도 이런 내용을 담고 있습니다. 자살을 꿈꾸는 부유한 인텔리 중년 남성이 시골 노인으로부터 어린 시절 체리(버찌)와 관련된 사소한 사건과 그로 인해 깨달은 감동을 전해 듣습니다. 인생이란, 주어진 시간과 공간 안에서 감각을 열고 세계와 소통하며 기뻐하는 것이라고 노인은 비유적으로 말합니다. 심각하게 고민에 빠진 신앙인들, 교리적 엄격성에 얽매여 두려움에 사로잡힌 영혼들, 이것이냐 저것이냐 진실을 논하며 상처받고 상처 주는 보수적인 크리스천들에게 추천하고 싶은 영화입니다.

우리의 생명은 하나님이 주신 아름다운 선물인데 왜 그 선물을 즐기지 못하고 힘겹게 살아가고 있는가? 삶을 즐기는 방법을 빼앗겼기 때문입니다. 잃어버린 게 아니라 빼앗긴 겁니다. 정치와 경제, 교육과 성(性), 종교 등의 억압된 세계의 질서는 우리를 그 즐거움으로부터 멀어지게 하였습니다. 세상의 질서가 그렇습니다. 예수님은 그 질서와 다른 질서를 우리에게 가르쳐 주었습니다. 예수를 믿는다는 것은 '다르게 산다'는 뜻입니다. 우리는 세상과 다르게 사는 사람들입니다. 예수를 믿으면서도 세상과 다르게 사는 법, 즉 삶을 즐기지 못하는 것은 우리가 속고 살기 때문입니다.

삶을 즐겨야 합니다. 그것이 하나님이 우리에게 주신 자유이며 행복입니다. 오직 돈으로만 즐길 수 있도록 사람을 길들이고 이 세계를 구조화한 것은 악마의 계교입니다.

사는 게 힘들 땐 생마늘을 먹으라

유월은 삶이 황량해지는 계절입니다. 풀과 나무들의 초록이 짙어지는 춘삼월에서 유월까지, 농사꾼들은 온몸의 뼈가 무르도록 혹독한 노동에 자기를 내몰아야 합니다. 소처럼 일만 하며 살아온 농사꾼 중에 간혹 멜랑콜리한 이들이 "왜 사냐?"라고 스스로에게 물을 때가 이 유월입니다. 그 물음은 공허하고 황량합니다. 그래서 젊은 아비들은 외상술에 취해 그 허무를 온몸에 칭칭 감고 달을 보고 짖는 개처럼, 큰소리로 꺼이꺼이 울기도 합니다.

그래도 해가 뜨면 지난밤 온몸을 감고 있던 삶의 허무를 툭툭 끊어 내고 헤라클레스처럼 일어나 다시 밭으로 가야 합니다. 아침 이슬의 싱그러움을 지나 다시 해가 정수리를 향해 가는 땡볕 가운데 설 때, 온몸의 근육은 고무줄처럼 늘어지고 태양은 허기를 더 부채질합니다. 이때가 무어라도 먹어 주지 않으면 안 되는 절박한 시간입니다. 하루에도 몇 번씩 인생의 벼랑 끝에 허기가 걸리면 먹고사는 일이 짐승과 다름없는, 짐승의 자화상을 보게 됩니다. 그래서 짐승처럼 먹어야 합니다. 화려한 밥상, 풍요로운 밥상을 상상하는 것조차 사치가 되는 가난한 농사꾼은 그래서 여물을 먹듯 밥을 먹습니다.

이제 막 수확한, 시커먼 겉보리 밥에 간편하게 먹을 수 있는 반찬은 마늘과 고추장이 전부였습니다. 밥 먹는 시간을 아껴 노동에 더 많이 투자하기 위해 최대한 빨리 먹고 허기를 속일 수 있는 패스트푸드가 보리밥에 마늘과 고추장이었습니다. 시커먼 보리밥을 찬물에 뚝뚝 말아 마늘을 고추장에 푹 찍어 아작아작 씹어 먹는 것, 그것이 유월 농사꾼 최상의 식사였습니다. 매운 마늘과 매운 고추장이 입안에서 만나는 것은 가난한 인생이 팍팍한 돌밭에 비지땀을 섞는 것만큼이나 맵습니다. 그런데도 마늘의 매운맛 뒤에 숨은 은근한 향과 단맛은 오래 함께 묵어 깊어진 여인네처럼 아름답습니다.

단군신화는 곰이 마늘을 먹고 사람이 됐다는 이야기입니다. 마늘은 곰을 사람으로 변화시키는 힘이 있다고 보았던 게지요. 그런데 그것은 마늘 자체의 신비한 효능이 아니라 마늘을 통해 새롭게 열리는 깨달음의 세계에 있습니다. 곰은 삼칠일(三七日) 동안 빛이 없는 동굴의 어둠 속에서 지냈습니다. 완전성을 상징하는 3 × 7일과 빛이 없는 동굴은 시각이 차단되고 미각과 후각이 새롭게 열리는 시공간이었습니다. 곰은 시각만으로 사물과 세계를 단순하게 인식하는 편협한 동물성에서 맛과 냄새를 통해 새로운 인식 체계가 열리게 되고 나아가 인격성을 얻게 되었습니다. 마늘은 새로운 인식 체계, 새로운 자아, 새로운 세계의 문이었습니다.

문명이 발달하고 지식과 정보가 넘쳐흐르는 현대사회는 오히려 동물적 단순성이 지배하게 되었습니다. 고대나 중세에 비해 세계를 인식하는 수단이 시각적으로 단순화되고 다른 감각기능들은 무디어졌습니다. 인간에게는 다양한 감각 도구들이 있음에도 불구하고 근대성은 시각적인 단순성만으로 모든 것을 받아들이도록 강요하였습니다. 시각화된 세계는 이미지가 지배하였고 우리의 인식 체계도 시각적 단순성에 빠지게 되었습니다. 그래서 사람들은 큰 집, 좋은 차, 명품 같이 시각적 정보를 통해 세계와 인간을 단순하게 받아들입니다. 오히려 사람이 곰이 된 것입니다. 곰들이 지배하는 세계는 동물적 경쟁으로 사람을 내몹니다. 내가 죽이지 않으면 내가 죽는 비정한 야수의 세계가 됩니다. 이런 세계에 선한 양심이라도 갖게 되면 세계는 황량하게 보이고 존재는 우울해집니다.

그래서 삶이 멜랑콜리할 때는 생마늘을 먹어야 합니다. 눈으로 보이는 모든 것이 진실인 양하는 사회, 그것만이 옳다고 주장하는 이 황량하기 그지없는 곰들의 세상에서 나를 인간으로 깨어나게 하기 위해선 생마늘을 먹어야 합니다. 혀의 돌기에 위에 내리꽂히는 매운맛과 후두를 넘어 코끝으로 흐르는, 달콤한 마늘의 향연(香煙)을 통해 깨어나야 합니다.

삶이 지치고 힘들 때, 세상 사는 게 재미없다고 느껴질 때, 눈을 지그시 감고 생마늘을 깨물어야 합니다. 그리고 깨어나야 합니다, 사람으로.

아버지의 별

한 줌의 가루가 된 아버지를 자연으로 돌려보내고 오랫동안 붙박이처럼 서 있었습니다. 아무도 없는 공터에 혼자 버려진 아이처럼 황망했습니다. 아버지의 마지막 뒷모습이 그곳에 남아 있어 무릎 사이에 머리를 박고 한참을 울었습니다. 울다 보니 해가 져서 어둠이 내 옷깃을 적시고 있었습니다. 밝은 별 몇 개가 어둠의 물결을 타고 나에게 흘러왔습니다. 별에게서 아버지의 따뜻한 체온이 느껴졌습니다.

우리는 모두 별이었습니다. 아버지도 별이었고 할머니도 할아버지도 별이었습니다. 할아버지의 할아버지와 그 할아버지의 할머니들도 다 별이었습니다. 한 사람이 이 땅에 태어나는 것은 신혼부부의 신접살림 집에 가구가 들어오듯 별 하나가 들어오는 것입니다. 그 과정을 우리네 조상들은 인격적인 설화를 통해 구현하였습니다. 삼신할머니가 이 지구에 아기를 점지해 주었다고.

유아 사망률이 높았던 시절 우리 조상들은 출산과 양육에 대한 갈망을 외부의 대상에 투사하였는데, 그것이 별이었습니다. 밤하늘에 빛나는 별들을 인격화하여 어머니가 출산하는 안방의 가장 따뜻한 자리로 모셔 왔던 것입니다. 환인,

환검, 환웅으로부터 출발한 삼성(三聖)은 플레이아데스성단의 큰곰자리 별이 인격화된 것입니다. 이 별을 인격적 서사의 주인공으로 초대한 것이 삼신할머니입니다. 그러니 우리는 모두 별에서 온 셈입니다.

사람이 죽었을 때 시신을 눕히는 나무판자를 칠성판이라 합니다. 북두칠성을 말하는 것입니다. 대지의 중력에서 벗어난 망자는 비로소 저 우주의 일곱 별 위에 초연히 눕게 됩니다. 우리는 모두 별에서 와서 별로 돌아가는 존재라고 우리 조상들은 생각하고 있었던 것입니다. 천체의 운행이 지구의 기후와 농사에 영향을 미치기 때문에 별을 숭배한 것이 아니었습니다. 존재의 심연에서 춤추는 우주를 보았던 것입니다.

그렇습니다. 우리는 우주의 먼지 같은 행성에서 미생물처럼 꼬물거리며 의미 없이 살다 죽어가는 존재가 아닙니다. 존재의 심연에 끝을 알 수 없는 광대한 우주가 역동하는 '사람'입니다. 우주의 별들 또한 불타는 가스 덩어리가 아니라 존재의 심연에서 빛나는 신비한 생명입니다. 그래서 사람들은 가슴에 다 자기 별 하나씩을 간직하고 삽니다. 자기 별이 없는 사람은 그냥 단백질 덩어리에 불과합니다. 우리는 모두 별을 품고 생명과 존재가 얼마나 신비한지 느끼며 살았습니다. 그러므로 우리는 모두 단백질 덩어리로 뭉쳐 있는 육체가 아니라 밤하늘의 별처럼 펼쳐진 우주의 신비입니다.

그 신비가 중력의 압제를 벗고 우주의 심연으로 돌아가 별 위에 눕게 된 것을 사람들은 '죽음'이라 부릅니다. 죽음은 별에서 온 생명이 다시 별로 돌아가 그 신비한 빛을 지상의 생명들에게 비추게 된 우주적 전회(轉回)입니다. 지상에서 한 사람의 생명이 호흡을 멈추면 우주에서 별들의 자리가 바뀝니다. 나는 그렇게 믿습니다. 별은 물리법칙에 따라 중력으로 서로를 끌어당기며 운동하는, 물질이 아니라 지상의 생명이 태어나고 숨 쉬고 숨이 멎는 과정에 대한 은유입니다. 우주는 우리의 행성이 존재하는 미증유(未曾有)의 광대무변한 공간이 아니라 지상의 생명과 존재에 대한 은유입니다. 삶은 우주며 인간은 별입니다.

이제 아버지는 당신의 고향, 우주의 별로 돌아가셨습니다. 아버지는 원래의 자리로 돌아가셨습니다. 돌아가셔서 원래의 모습, 별이 되었습니다. 저 별들 위에 누워 계신 아버지가 고개를 돌려 날 바라보는 것 같습니다. 아버지의 별이 내 눈에 뜨겁게 흐르며 내 등짝을 다독입니다. 그리고 이렇게 말합니다.

"너도 별이다. 울지 마라, 아들아."

터

건물을 짓거나 마을을 조성하기 위한 부지를 '터'라고 합니다. 예부터 우리나라에서는 터를 잘 잡기 위해 큰 노력을 기울였습니다. 한반도의 지형적 특성상 시베리아 기단으로 인한 북풍이 북쪽에서 불어옵니다. 그래서 북쪽으로 산을 등지면 겨울의 찬 바람을 막을 수 있습니다. 또 남쪽으로 열린 곳에 강물이 있으면 여름에 시원한 강바람이 거처의 열기를 식혀 줍니다. 더하여 농업용수와 생활용수를 쉽게 구할 수 있게 됩니다. 그러므로 배산임수(背山臨水)는 풍수가 말하는 길지(吉地)입니다.

풍수(風水)는 장풍득수(藏風得水)의 준말로 바람을 막아 주고 물을 얻는다는 지리학적 인테리어 개념이었습니다. 그런데 풍수가 음양오행설(陰陽五行說)과 기철학(氣哲學)과 만나면서 사람의 운명을 결정하고 기복을 위한 수단으로 전락하기 시작했습니다. 그래서 사대부들은 집 지을 좋은 터(陽宅)와 조상의 묘지(陰宅)를 선점하여 자손 대대 발복(發福)을 염원하였습니다.

이 천박한 기복 의식만 없으면 풍수는 땅에 대한 과학적 합리성을 가진 철학입니다. 풍수는 하나의 철학이며 세계관입니다. 그래서 마음이 힘들고 지칠 때 좋은 땅을 찾아가 산책하는 것으로 새 힘을 얻을 수 있습니다. 사람들이 좋은 풍경을 찾아서 여행하는 것도 마찬가지 이유입니다. 풍경은 눈으로 보는 게 아니라 그곳이 가지고 있는 좋은 에너지를 오감으로 체득하는 것입니다.

사람들이 절간에 가면 마음이 편하다고 합니다. 그것은 종교가 가져다주는 어떤 영향이 아니라 가람(伽藍)의 배치와 구조가 주변 산세와 조화를 이루어 안정감을 주기 때문입니다. 건물을 지을 때 실용성보다 주변 지세나 풍광을 해치지 않고 그 질서 안에서 조화를 이루도록 풍수에 기초했기 때문입니다. 그래서 사찰에 들어서는 순간 자기도 모르게 그곳의 질서와 조화를 느끼게 되는 것입니다.

마음이 지치고 힘들 때 가끔 계룡산을 찾습니다. 계룡산은 용이 닭 볏을 쓰고 있는 형국이라 하여 붙여진 이름이라는 설이 있고, 이성계의 스승이며 개국공신인 무학대사가 도읍지를 정하기 위해 내려왔다가 산의 형국을 보고 금계포란형(닭이 알을 품은 형상)과 비룡승천형(용이 하늘을 날아 승천하는 형상), 두 가지를 다 가지고 있다고 붙인 이름이란 설도 있습니다. 이 때문에 계룡산은 오래전부터 풍수와 도참사상에 의해 개벽의 시대를 상징하는 산이 되었습니다.

그런데 이런 풍수적인 논리로 말하지 않더라도 땅이 품고 있는 에너지가 사람과 생태에 미치는 영향은 매우 크다는 것이 학문적 논리로 설명할 수 있게 되었습니다. 왜곡된 풍수

관념으로서가 아니라 현대물리학의 관점으로 이해할 만한 합리적인 논리를 갖게 된 것입니다. 좋은 풍경을 보는 일은 시각적 즐거움을 넘어 그 풍광이 사람의 오감에 전해 주는 좋은 에너지 파장에 의해 치유되고 회복되는 과정입니다. 그래서 치유받고 싶을 때는 계룡산 둘레를 드라이브하거나 느낌이 좋은 곳에 누웠다가 옵니다.

계룡산의 맥은 북에서 남으로 뻗어 있는데 북쪽은 상신리와 하신리라는 협곡 속의 상서로운 마을이 있고 동쪽에는 동학사가 위치하여 상업적으로 번성한 곳입니다. 남쪽으로는 신도안이 있습니다. 이곳은 조선왕조가 멸망하고 새 왕조가 등장한다는 조선시대 예언서인 <정감록>에 의해 십승지지(난리를 피하여 생명을 보전할 수 있는 10대 은거지) 중 하나로 불리어 온갖 신흥종교가 난무하던 곳입니다. 지금은 삼군본부가 들어와 크고 작은 신흥종교들이 주변으로 흩어져 있어 깨끗한 신흥 군사도시가 되어 있습니다. 이곳의 지기(地氣)와 산세는 부드럽고 웅숭깊습니다. 하지만 가장 중요한 곳에 군사시설이 있어 멀리서만 그 땅의 위용을 느낄 수 있을 뿐입니다.

계룡산의 서쪽은 논산시 상월면에 속한 곳으로 계룡산이 남쪽을 향해 꼬리 내린 왼편입니다. 제2 행정수도의 후보지로 선정될 만큼 터가 좋고 아름다운 곳입니다. 계룡산이 위압감을 내려놓고 마치 병풍을 친 듯 아름다운 자태를 뽐내며 어머니의 자애로운 치마폭처럼 흘러내린 곳이지요. 엄격하면서도 따뜻하고 자애로운 기운을 느낄 수 있는 땅입니다. 그곳에 갑사와 신원사가 있는데 두 곳 다 산의 위용을 해하지 않고 균형을 이루고 있습니다. 사찰의 건물들이 주변 자연 풍광과 조화를 이루고 있어 평안한 기운과 함께 산세의 강인함을 느끼게 하는 명찰들입니다.

신원사에서 계룡산을 끼고 남쪽으로 내려가면 가장 좋은 자리로 여겨지는 곳에 천태종 불교대학인 금강대학교가 있습니다. 그곳이 품고 있는 지극한 에너지가 참 좋습니다. 좋은 터에는 좋은 에너지가 있습니다. 산 중턱에 자리 잡은 법당에서 바라본, 서쪽으로 펼쳐진 평야는 어머니의 치마폭처럼 따뜻하고 자애롭습니다. 아들을 군대 보내는 어머니의 눈빛처럼 노을이 붉어지는 저녁에 그곳에 선다면 눈물샘이 터지고 말 것입니다. 금강대학교는 계룡산이 허락한, 마음 씻기 좋은 터입니다.

땅만이 아니라 사람 또한 하나의 터입니다. 아내에게는 지아비가 좋은 터이고 지아비에게는 지어미가 좋은 터입니다. 친구는 한 사람이 살아가는 인생 가운데 가장 좋은 터입니다. 좋은 터에 집을 짓고 사는 것만큼이나 좋은 친구를 만나는 것은 행복한 일입니다. 좋은 친구를 만나는 것보다 더 귀한 일은 좋은 친구가 되는 것입니다.

예수는 못난이 제자들을 친구라 합니다. 또 문둥이 마을의 가난한 나사로를 친구라 말합니다. 그들이 예수의 친구가 된 게 아니라 예수가 그들의 친구가 되어 준 것입니다. 가난하고 외로운 사람들을 위해 좋은 터가 되어 준 것이지요. 세상의 아픔을 등에 지고 은혜의 강물을 가슴에 품은 배산임수(背山臨水)형의 명승지가 되어 주신 것입니다.

세상의 모든 귀신은 골목에 산다

　시골의 겨울밤은 수많은 귀신이 칩거하기 좋은 때입니다. 무서워서 변소에도 못 가고 거시기를 꼭 붙잡고 버텨야 했던 어린 시절엔 귀신이 밤의 왕이었습니다. TV도 인터넷도 없던 시절, 기나긴 겨울밤을 무료하게 나지 않기 위해선 마실을 가는 게 상책이었습니다. 지금 생각하면 비좁고 퀴퀴한 골방이었지만 그때만 해도 집의 평수나 방의 크기 따위를 생각하지 않았습니다. 사람이 모이는 즐거움이 방의 크기를 압도했기 때문입니다. 몇 사람만 모여도 이불에 발을 묻는 것으로 하나의 광장을 만들 수 있었습니다. 집에 사람 찾아오는 걸 귀찮아하지 않고 반겨 맞아 주는 게 그 시절의 풍습이고 미덕이었습니다.

　아랫말 당숙네 집으로 가는 길은 마을 앞 큰길을 따라 내려가다 비좁은 골목길로 접어들어야 했습니다. 새마을운동으로 새로 쌓아 올린 블록 담벼락과 돌담, 그리고 흙담 한 굽이를 지나면 탱자나무와 사철나무 울타리들이 깊은 어둠에 발을 묻고 있는 골목이었습니다. 그곳을 지날 때면 사철나무 그늘이 아랫도리를 잡아당기는 것 같아 오금이 저렸습니다. 컴컴하고 무거운 어둠의 그늘에 알 수 없는 무언가 살고 있는 것만 같았습니다. 바람이 불어 나뭇가지들이 스산하게 흔들리기라도 하면 그 소리에 놀라 바지춤을 바짝 움켜잡고 냅다 달려야 했습니다. 그것은 세계와 존재의 심연에서 올라오는 신비한 두려움이었습니다.

숨을 헐떡거리며 골목 끝에 있는 당숙네 대문간에 도착했을 때 백열등 불빛이 격자 창호문 밖으로 비치면, 비로소 구원을 얻은 것처럼 마음이 밝아졌습니다. 그 불빛 아래 고구마를 구워 놓고 알밤 까는 소리로 히히덕거리는 또래 당숙들과 당고모들의 그림자가 흔들립니다. 사람의 체온이 세상에서 제일 따뜻하고 아름답다는 걸 그때 비로소 느끼게 됩니다. 무서운 골목을 지나서 만나는 혈육의 그림자는 멀리서 보아도 흐뭇하고 정답습니다.

밤이 짓무르도록 놀다가 집으로 가는 길은 역시 두려운 과정입니다. 더 날카롭게 벼려진 어둠의 칼날 위를 걸어가야 합니다. 더 깊어진 밤, 세상의 온갖 귀신들이 내 상상의 집으로 몰려듭니다. 농짝귀신, 멍석귀신, 달걀귀신, 처녀귀신, 나무귀신, 변소귀신, 바가지귀신…. 세상에 존재하는 모든 것들이 귀신이 되어 기이한 웃음을 웃으며 나에게 달려듭니다. 어두운 골목길엔 세상의 모든 귀신이 살고 있습니다.

그 골목은 세상에서 가장 길고 무서운 길입니다. 골목을 지나는 시간은 우주의 종말과 맞닿아 있기라도 하듯 멀리도 뻗어 있습니다. 걸음아 날 살려라, 하고 뛰어도 발목을 잡고 놓아주지 않는 귀신 때문에 나는 영원히 그 골목을 벗어날 수 없을 것만 같습니다. 두렵고 무서운 시간의 수렁에서 영원히 빠져나올 수 없을 것 같았습니다. 그것은 존재의 심연에서 올라오는 가장 깊고 어두운 그림자였습니다.

골목으로부터 빠져나와 우리 집 대문간에 들어설 때 마루 밑에 잠들어 있던 강아지가 꼬리를 흔들며 뛰어나옵니다. 어둠 속에서 두 발을 번쩍 들고 내 가슴팍으로 뛰어들 때, 녀석의 체온은 세상에서 가장 푸근하고 사랑스럽습니다. 혓바닥으로 핥으며 끈적거리는 침을 내 얼굴에 샅샅이 발라 주는 게 너무 좋습니다. 천 년을 함께 산 친구처럼 다정하고 사랑스럽습니다. 별들이 빗줄기처럼 쏟아지는 마당에서 녀석을 쓰다듬고 또 쓰다듬어도 마르지 않는 샘처럼 마음은 계속 따뜻한 애정으로 넘칩니다. 무사히 살아 돌아와서 만나는 반가운 혈육처럼, 강아지는 따뜻합니다.

귀신의 골목을 지나서 집으로 안전하게 돌아온 몸은 더 이상 두려움과 공포에 사로잡힌 몸이 아닙니다. 두려움에서 부활한 몸입니다. 따뜻한 온돌과 솜이불 사이로 몸을 누이면 먼 우주를 여행하고 지구에 무사 귀환한 우주인처럼 평온하고 행복합니다.

우리에게 이젠 골목길이 없습니다. 세상 모든 걸 가로등이 다 밝혀 놓고 있습니다. 세상 모든 걸 TV와 인터넷이 다 밝혀 놓고 있습니다. 사람의 모든 것을 CCTV가 다 보고 있습니다. 이젠 범죄에 대한 두려움, 경제적 격차로 인한 두려움, 소외에 대한 두려움 같은 것들이 있을 뿐입니다. 세계와 존재의 심연에서 오는 두려움, 그 신비한 시공간을 이제 그 어디에서도 느낄 수 없습니다. 좁고 어두운 골목과 그곳에 살고 있는 수많은 귀신이 만들어 내는 시간과 공간의 질감들이 사라졌습니다. 우주선을 타고 지구 밖을 여행하는 시대가 되었지만, 우리는 그 과학기술 때문에 협소하고 옹졸한 시공간에 갇히게 되었습니다.

가끔은 그 골목에 가고 싶습니다. 고무줄 바지춤을 움켜쥐고 두 눈을 꼭 감은 채 오금 저리게 달리던, 그 골목으로 다시 가고 싶습니다.

바다가 보이지 않는 구간을 지날 때

바다는 태초부터 지금까지 단 한 번도 같은 파도를 내지 않았습니다. 그래서 바다는 보고 또 봐도 늘 새롭습니다. 바다를 보며 걷고, 바다를 보며 비를 맞고, 바다를 보며 커피를 마시고 바다에게 말을 걸어도 바다는 늘 새롭게 나를 대합니다. 한 번도 같은 표정으로 나를 보지 않습니다. 그래서 바다에 가면 늘 새로운 느낌을 받습니다. 새로운 느낌은 나를 다시 태어나게 합니다. 그래서 삶이 지치고 피곤하여 다시 태어나고 싶을 때, 사람들은 바다에 갑니다.

우리가 처음 만들어지고 자란 곳도 어머니의 바다였습니다. 어머니의 양수(羊水)에 싸여 생명의 첫 시기를 보냈으니 그것이 우리가 만난 최초의 바다입니다. 사람들이 바다를 그리워하는 것은 상처받지 않은 시원(始原)에 대한 동경 때문입니다. 그래서 사람들은 지치고 힘들 때 바다에 갑니다. 굳이 발이나 몸을 담그지 않아도 바다는 마음을 담글 수 있습니다. 바다는 바라보기만 해도 우리를 치유합니다.

바다와 함께 달리는 기차가 있습니다. 횡(橫)으로 역동하는 해변의 파도와 종(縱)으로 달리는 기차의 속도가 마주치는 기차입니다. 우리는 이 파동을 경험하며 살아 있음을 느낍니다. 정형화되고 계산된 삶의 질서에서 피로감을 느낄 때, 우리는 낭만을 그리워하게 됩니다. 낭만은 살아 있음에 대한 느낌인지도 모릅니다. 그래서 낭만이 없는 사람은 건조합니다.

    동해시와 강릉시 사이를 오가는 낭만 기차가 있습니다. 창망(滄茫)한 동해의 수평선과 해안선으로 몰려오는 흰 파도를 바라보며 달리는 기차는 낭만적입니다. 동해에서 강릉을 향해 천천히 가는 기차를 타면 40여 분 동안 푸른 동해의 수평선과 해변으로 밀려오는 파도를 볼 수 있습니다. 휴대폰을 잠재우고 시선을 차창 밖으로 던져 놓고만 있으면 바다가 내 마음의 내륙 깊이 들어옵니다. 일상의 모든 번잡함이 파도에 씻겨지는 곳이 동해와 강릉 구간 열차입니다.

    그런데 이 구간에 바다가 보이다가 안 보이는 곳이 있습니다. 옥계역에서 정동진역까지, 기차는 내륙의 깊은 계곡으로 몸을 숨깁니다. 이 구간에는 바다가 보이지 않습니다. 하지만 바다가 보이지 않는다고 바다가 없는 건 아닙니다. 기차가 깊은 산과 높은 계곡을 달리는 그 순간에도 우리는 바다를 향하고 있습니다. 나를 둘러싼 산과 골짜기는 바다를 품고 있습니다. 바다는 산을 소망하며 달리고 산은 바다를 품고 꿈을 꿉니다.

    빛이 보이지 않을 때도 빛은 우리 안에 있습니다. 그리히어 어둠으로 충만한 곳에서 우리는 신비를 봅니다. 산과 바다처럼 빛과 어둠은 서로를 꿈꾸며 깊이 포옹합니다. 보이는 것이 다가 아니고 안 보이는 것이 존재하지 않는 것이 아닙니다. 이 세계는 물질계와 비물질계, 현상계(現象界)와 물자체(物自體), 있음과 없음이 공존하며 역동합니다.

    바다가 보이지 않는 구간을 지날 때, 나는 아내의 손을 꼭 잡습니다. 나의 바다이며 나의 산과 계곡이 되어 준, 아내의 이마에 입맞춤합니다. 아침 햇살처럼 나도 아내의 바다가 됩니다.

떠날 때, 이야기는 시작된다

　세상에는 두 종류의 사람이 있습니다. 떠나는 자와 남는 자. 서양문학의 출발이자 맨 처음 서사시 오디세이아는 떠나는 자의 이야기입니다. 이보다 앞선 시대, 우르크의 왕 길가메시 역시 세상을 떠돌아온 것으로 이야기가 시작됩니다. 우리나라 대표적인 서사무가(敍事巫歌)의 바리데기도 버려짐에서 떠남으로 여정이 확장되는 이야기입니다. 고타마 싯다르타도 집을 나와 고행을 떠났고 유대인의 조상 아브라함도 고향 갈대아 우르를 떠나 사막을 유랑했습니다. 예수도 집을 떠나 갈릴리를 유랑하며 공생애를 보냈습니다. 인류는 떠나는 자를 통해 정신문명의 꽃을 피웠습니다.

　떠나는 자는 자신이 거주하는 세계의 진부함과 상투성에 저항합니다. 인간은 병들 때 떠나길 거부합니다. 그런데 인간이 병들면 땅도 병듭니다. '사람이 부패하니 땅이 부패하였다.'라는 창세기 6장 11절의 이야기는 설화적 상상이 아니라 생태적 사실입니다. 자신의 위치와 주변을 돌아보지 못하는 일인칭의 삶이 세계와 이웃을 파괴한다는 것을 우리는 지금 경험하고 있습니다. 그래서 야훼는 노아에게 부패한 땅에서 떠나 대항해를 시작하라고 명령합니다.

보수주의자들은 남는 자들입니다. 사람은 그곳에서 안거하며 누릴 수 있는 것이 있을 때 떠나려 하지 않습니다. 보수주의자들은 여행의 모험으로 안주(安住)의 질서를 깨뜨리려 하지 않습니다. 변화산에서 영광에 싸인 예수의 모습을 바라본 베드로가 "우리가 여기 있는 것이 좋사오니 (여기에) 초막 셋을 짓겠습니다."라고 했습니다. 떠나는 자 예수를 그곳에 주저앉혀 종교 장사를 해 보려는 심산이었습니다. 보수주의자들은 떠나는 자들의 반동입니다. 그래서 보수주의자들을 위해 모험을 제거한 가짜 여행이 만들어졌습니다. 그것을 관광(Tour)이라 합니다. 진부한 세계의 문법에서 벗어나 새로운 문법으로 세계를 바라보는 자들의 떠남은 여행(Travel)이라 합니다.

신혜정이라는 청년을 만났습니다. 그녀에 대한 사전 정보 없이 거친 길을 다녀왔다는 얘기 하나만 듣고 그를 만나기 위해 토요일에 서울로 모험을 떠난 것입니다. 목사에게 토요일은 다음날의 전투를 준비하는 긴장의 날입니다. 하지만 그 시간을 할애해서 만나고 싶을 만한 소스가 나를 자극했습니다. 그녀가 인천에서 배를 타고 건너가 중국, 베트남, 라오스, 태국, 미얀마, 인도, 파키스탄, 키르기스스탄, 타지키스탄, 우즈베키스탄, 투르크메니스탄, 이란, 튀르키예의 이스탄불까지 유라시아 대륙 12,500킬로미터를 자전거로 여행했다는 얘기가 나를 서울로 밀어 올렸습니다.

그녀는 많은 말을 하지 않았지만, 표정에서 많은 것을

읽을 수 있었습니다. 식당 창가에 앉아 측광을 받은 그녀의 실루엣에서 아직 다 풀어내지 못한 이야기의 실타래를 보았습니다. 이제 서른세 살의 젊은 여자 청년에게 곰삭은 인생의 깊은 맛을 보게 된 것은 당황스러운 일입니다. 그녀에겐 떠났다가 돌아온 자의 지혜가 퇴적층처럼 쌓여 있었습니다. 떠나는 자에게 떠난 만큼의 지혜가 쌓인다면 그의 여행은 1년 반이 아니라 150년은 족히 되었음 직했습니다.

　　용산역 영풍문고에서 그의 자전거 여행기 <이토록 우아한 제로 웨이스트 여행>을 샀습니다. 계단에 쪼그려 앉아 읽다가 기차를 놓쳤습니다. 두어 시간 뒤에 입석을 타야만 했습니다. 용산역 플랫폼에서 그의 자전거와 함께 대리 여행을 떠나는 재미가 나를 풍요롭게 만들었습니다. 이십 대에 떠돌아다니길 좋아하여 무전여행을 즐겼지만, 국경을 넘을 수 있는 시대 상황이 아니었습니다. 하지만 떠나는 자에게는 사람과 사건이 얽히며 새로운 문법으로 서사가 생성된다는 것을 짧은 무전여행들을 통해 경험하였습니다. 떠나는 자만이 새로운 문법으로 세계를 볼 수 있고, 말할 수 있다는 걸 알았습니다.

　　오디세이아 이야기는 돌아오는 것으로 끝납니다. 여행자는 돌아갈 곳이 있는 자입니다. 돌아갈 곳이 없이 떠도는 자를 여행자라 하지 않습니다. 그들은 난민입니다. 하지만 떠난 자들이 다시 돌아올 때는 같은 모습이 아닙니다. 그들은 새로운 지혜에 눈떠서 옵니다. 그것을 신화적 언어로 말하면

'영웅'입니다. 영웅은 떠나고 돌아오는 자들에게 붙여지는 새로운 이름입니다. 그래서 길가메시는 왕이고 오디세이아는 영웅이며, 아브라함은 믿음의 조상이며, 바울은 이방인을 위한 사도입니다.

여행을 특정한 목적을 정해 두고 하는 경우가 있지만 그 근본 원인은 물음으로부터 시작됩니다. 왜?, 라는 물음. 세상은 왜?, 나는 왜?, 왜 사는가, 등과 같은 근원적인 물음이 다른 원인을 생성시키고 추동시킵니다. 그래서 떠나는 것입니다. 저자는 넓은 세상에서 나와 다른 사람들을 보며 세상과 인생을 배우고 싶었다고 말합니다. 공교육 시스템을 통해 주입된 이미지로서의 세계가 아니라 내가 직접 부딪쳐 맛보고 싶었던 것입니다. 그것이 떠나는 자의 영혼의 감수성입니다.

그녀는 떠나기 전의 세계를 이데올로기의 프레임 안에서만 볼 수 있었습니다. 국가와 민족, 문화, 이념의 프레임으로 보도록 강제된 세계만을 볼 수 있었습니다. 타자의 영역에 직접 들어가기 위해서는 강제된 프레임 밖으로 나와야 합니다. 그 프레임 밖으로 성큼 걸어 나와 타자의 자리에 다가갔을 때, 사람을 납치하여 장기를 적출한다는 괴소문이 흉흉한 중국에서 마음이 따뜻한 사람을 만나고, 테러리즘의 프레임에 갇힌 이슬람국가에서 환대와 깊은 호의를 받을 수 있었습니다. 그녀가 내린 결론은 "이 길은 나 혼자 가는 길이 아닌 것 같다."라는 것입니다.

이기적으로 분열된 개인들이 무한경쟁으로 투쟁하며

살아가는 이 세계를 벗어나 보니 의외로 세상은 따뜻했다는 걸 압니다. 그동안 말로만 듣고 뉴스로만 보던 흉악한 세계가 특정 국가(종교)의 이데올로기에 의해 왜곡된 것이라는 사실을 몸으로 겪어 알게 된 것입니다. 그래서 이 세계는 국경도 종교도, 인종과 문화도 사실은 다 허구일 뿐, 모든 것이 하나로 연결되어 있고 그 연결점은 곧 사람이란 사실을 통렬하게 깨닫습니다.

그는 제로 웨이스트(zero waste)라는 큰 타이틀을 가지고 출발했지만, 그녀의 여행에서 더 중요한 것은 서사(敍事)입니다. 이야기는 사람과 세계를 치유하기 때문입니다. 이 세계에 플라스틱과 쓰레기가 넘쳐나는 것은 이 세계가 서사를 상실했기 때문입니다. 지금 내가 사용하고 버린 것이 쓰레기가 되어 환경과 인간을 어떻게 파괴할 것인지를 아는 데는 물리학적 지식이 아니라 서사적 상상이 필요합니다. 하지만 현대사회는 서사의 자리에 이미지만 남았습니다. 상품은 사용가치가 아니라 이미지의 섹슈얼리티로 사람들을 유혹합니다. 섹슈얼리티는 사유를 거치지 않습니다. 이미지의 감옥에서 벗어나 서사의 세계로 나간 그녀의 여정은 그래서 영웅적입니다.

떠날 때 비로소 보이는 것들이 있습니다. 실크로드는 여러 나라에 걸쳐 있고 일부 구간은 특정 국가의 소유입니다. 하지만 그 길은 국가의 소유이기 전에 떠나는 자의 것입니다. 길이 있어 떠나는 게 아니라 떠나는 자가 있어 길이 만들어집니다. 떠나는 자가 곧 길입니다. 그 길은 이야기입니다. 이야기는 사람과 세계를 치유합니다, 지금 여기에서 떠날 때, 이야기는 시작됩니다.

너무 외로울 땐 기형도를 마신다

시집을 버렸습니다. 시를 잊었습니다. 하지만 외로움이 찾아오면 옛친구를 부르듯 다시 시를 찾아 갑니다. 기형도와 백석의 시집을 샀습니다. 맛있는 것을 양손에 들고 무엇부터 먹을까 고민하는 어린아이처럼 나는 두 권의 시집을 들고 이쪽저쪽 한입씩 베어 뭅니다.

두 사람은 반세기 차이로 서로 다른 시대와 문화 속에서 살았지만, 같은 세계를 공유하고 있습니다. 일제 강점기의 억압된 상황 속에서 심약한 식민지 지식인의 감수성으로 바라본 백석의 세계는 가난하고 외로웠습니다. 백석의 세계는 쓸쓸함과 외로움으로 가득합니다. 그것은 우주와 세계의 허무를 직감한 존재의 고독입니다. 또한 억압받는 식민지 지식인의 현실 인식에서 오는 외로움도 함께 있습니다. 그리하여 백석은 식민지 상황에 대한 은유로서의 가난과 고독을 고유한 우리말의 힘을 빌려 위무합니다. 질그릇 같고 아궁이 숯불 같은 그의 언어들은 존재의 고독과 쓸쓸함을 영적 차원으로 승화시킵니다. 그의 낭만적 세계관과 회화적인 상상력이 빚어내는 토속적 영상들이 자칫 병이 될 수 있는 존재의 아픔을 어루만집니다. 그래서 백석의 고독은 병들지 않고 오히려 싱싱하고 건강합니다.

    백석의 시가 일제 강점기를 배경으로 한다면 기형도의 시는 1980년대 군부독재 시대를 배경으로 합니다. 일제에서 군부독재로 억압의 주체만 바뀌었을 뿐, 반백 년의 시간 동안 한반도에서의 통치 방식은 변하지 않았습니다. 둘 다 같은 방식으로 국가를 지배하고 시민을 탄압했습니다. 그 폭력적 지배체제를 맨정신으로 마주 봐야 하는, 깨어 있는 시인은 고독합니다. 그것은 백석의 시에서처럼 우주적인 존재의 고독으로 은유될 수 있는 게 아니었습니다. 홀로 깨어 있으므로 겪어야 하는 지식인의 고독이고 아픔이었습니다.

    시대와 인간의 문제에 예민한 사람은 심장에 화살을 맞기 쉽습니다. 세계에 대한 감수성이 너무 예민하여 통증을 심하게 느끼고, 가끔은 심장이 멎기도 합니다. 그 원인을 현대 의학용어로 말하면 스트레스입니다. 노동의 피로와 자질구레한 인간사의 이해관계 때문에 받는 스트레스가 아니라 세계와 인간의 문제를 정면으로 마주할 때, 마치 태양을 정면으로 마주 볼 때 찾아오는 현기증 같은 스트레스입니다.

    구약의 예언서들, 특히 기원전 8세기 예언서 저자들인 아모스, 호세아, 미가, 이사야 선지자 들은 시대와 인간의 문제에 예민하게 반응했던 사람들입니다. 권력의 탄압과 사회적 부정의를 하나님의 정의의 관점에서 냉철하게 바라보았고, 그것을 향해 부르짖었던 사람들입니다. 그들의 목소리에 고독한 시인의 영혼과 고통받는 예언자의 심장이 있습니다.

그들의 목소리에서 심장의 박동이 느껴지고 또한 통증이 느껴집니다.

그들은 협심증이나 심근경색으로 사망하였을지도 모릅니다. 그들은 심한 우울증에 빠졌을 수도 있습니다. 모두가 취해서 미쳐 돌아가는 불의한 시대에 맨정신으로 깨어 있기가 쉽지 않았을 것입니다. 모두가 잠든 시간에 홀로 깨어 있어야 하는, 그 지독한 외로움을 견디기가 쉽지 않았을 것입니다. 그들의 정신상태를 현대 정신의학 용어를 빌어 말하면 우울증일 수 있습니다. 그들은 아파하고 분노하고 슬퍼했습니다. 그래서 시인과 예언자들은 멜랑콜리합니다. 그런데도 그들은 죽지 않고 살아남아 우리 시대를 향해 지금도 외치고 있습니다. 하나님께 돌아오라고.

모두가 잠들어 있고 모두가 취해 있을 때 홀로 깨어 있는 사람은 미친 사람입니다. 그래서 시인과 예언자들에게 불의한 시대는 미치도록 외롭고 멜랑콜리합니다.

너무 외로울 땐 백석을 안주로 하여 기형도를 마십니다.

가난한 내가
아름다운 나타샤를 사랑해서
오늘밤은 푹푹 눈이 나린다

나타샤를 사랑은 하고

눈은 푹푹 날리고
나는 혼자 쓸쓸히 앉아 소주를 마신다
-백석 '나와 나타샤와 흰 당나귀' 부분

나무 의자 밑에는 버려진 책들이 가득하였다
은백양의 숲은 검고 아름다웠지만
그곳에서는 나뭇잎조차 무기로 사용되었다
그 아름다운 숲에 이르면 청년들은 각오한 듯
눈을 감고 지나갔다, 돌층계 위에서
나는 플라톤을 읽었다, 그때마다 총성이 울렸다
목련철이 오면 친구들은 감옥과 군대로 흩어졌고
시를 쓰던 후배는 자신이 기관원이라고 털어놓았다
존경하는 교수가 있었으나 그분은 원체 말이 없었다
몇 번의 겨울이 지나자 나는 외톨이가 되었다.
-기형도 '대학 시절' 전문

남자는 언제 철드는가

인간이란 무엇인가? 많은 예술가와 철학자가 인간의 존재 의의에 관해 탐구해 왔습니다. 영국의 철학자 데이비드 흄(David Hume)은 지성으로부터 인간의 가치와 의미를 찾았고, 독일 철학자 에른스트 캇시러(Ernst Cassirer)는 상징을 통해 문화를 형성하는 인간을 찾았습니다. 스위스의 정신의학자 폴 트루니에(Paul Tournier)는 무대에서 연기하는 외적 인간과 그의 실체를 보았고, 미국의 위대한 소설가 마크 트웨인(Mark Twain)은 외부의 영향에 의해 제어 당하는 기계를 보았습니다. 그리고 맹자(孟子)는 사회적 관계 속에서 자신의 비도덕적 행위에 대해 자각하고 수치심을 느끼는(羞惡之心) 존재로서의 인간을 보았습니다.

하지만 굳이 어려운 철학적 논리로 인간을 얘기할 필요는 없습니다. 우리 조상들은 민중의 천부적인 문학성으로 말놀이를 통해 철학적 논증을 뛰어넘었기 때문입니다. '철들다'는 말은 인간이란 무엇인가에 대한 명증한 대답입니다. 철들어야 인간이라는 것입니다. 사리를 분별할 줄 알아 올바르게 판단할 수 있을 때 '철들었다'고 합니다. '철없다'는 말은 생각이 모자라서 사리 분별과 올바른 판단을 못 한다는 뜻입니다. 그러므로 '철없는 사람'이란 말은 사람을 평가하는 말 중에 가장 욕된 말입니다. 바보 멍충이라는 뜻입니다.

그런데 이 철없는 상태는 불변의 천성이나 기질이 아닙니다. 삶의 과정을 통해 변화하는 성품과 삶의 태도입니다. 성인이 되어가는 과정에서 경험과 학습을 통해 성숙해지고 철들기 때문입니다. 나의 이익에 앞서 사회적 질서와 안녕을 생각하고 타인을 존중하고 배려하는, 인간으로서의 윤리적 덕목을 소중하게 여기는 것을 철들었다고 합니다. 어떤 때, 어떤 장소, 어떤 사람 등과 같은 영역에서 자기가 해야 할 역할과 의무를 자각하고 실천하는 것입니다. '철들다'는 말에서 '철'과 계절을 의미하는 우리 말 '철'은 동일한 기의를 갖습니다.

네 계절이 뚜렷한 기후에서 농경 생활을 하며 살아온 우리나라 사람들은 계절의 변화에 민감했습니다. 봄이 오면 씨를 뿌리고 여름이면 김매기를 하며 가을이 오면 추수하고 겨울이 오면 다음 봄 농사거리를 준비해야 합니다. 때를 놓치면 흐름을 잃게 되고 망쳐 버리기 십상인 게 농사입니다. 때에 따라 엄격하게 농사에 전념하지 않으면 먹고살기 힘들었던 것입니다. 또한 계절과 날씨에 따라 그에 맞는 의복을 바꿔 입어야 하는 기후는 때를 정확하게 따져 살게 했습니다. 일 년에 스물네 절기를 두고 보름에 한 번씩 그에 따라 살아왔으니 철(때)을 아는 것이야말로 사람살이의 기본이었던 셈입니다.

때도 모르고 무얼 어찌해야 하는지 분별하지 못하는 사

람이 '철없는 사람'입니다. 여름에 겨울 두루마기를 입는 사람, 남이 장에 간다고 거름 지고 따라가는 사람, 어른을 봐도 인사할 줄 모르는 사람, 부모님의 뜻을 거스르고 제멋대로 사는 사람, 이웃이 어려운 일을 당해도 관심 두지 않는 사람, 형제가 굶주려도 돌보지 않는 사람 들을 우리 전통사회에서는 철없는 사람이라고 말해왔습니다. 해야 할 일과 하지 말아야 할 일, 자식으로서, 남편으로서, 응당 해야 할 일을 하지 않을 때 철없는 사람이라고 했습니다.

철없는 이유는 성장 과정에서의 경험과 학습이 미진해서가 아니라 그것을 자기 안으로 받아들여 성숙한 인격으로 성장하기 위해 노력하지 않았기 때문입니다. 그 성숙의 과정이 그리 쉽지 않은 것이라는 걸 관용어들이 말하고 있습니다. '철들자 망령 난다.'라는 말이 그것입니다. 망령이 날 나이가 돼서야 철이 든다는 말로 철들기가 어렵다는 뜻입니다. 또 '남자는 오십이 돼야 철든다.'라는 말도 있습니다. 처자식을 거느리고 살아 봐야 가장으로서의 책임감과 삶의 무게를 제대로 알고 부모의 마음을 이해할 수 있다는 뜻입니다. 내 자식 귀한 걸 알면 남의 자식도 귀한 걸 알 수 있고, 내 부모 귀하면 남의 부모도 귀한 줄 알게 된다는 것이지요. 그러니 우리의 전통 가운데 인간 됨의 조건은 '철드는 것'입니다.

그런데 철드는 과정에서 필요한 것이 자기의 생각과 판단, 자기의 행위를 뛰어넘어 자기를 보는 능력입니다. 자기를 객관화시킬 수 있어야 하는 것입니다. 그러므로 철든다는 말을 고상한 학술 용어로 말하면 메타 인지(metacognition)라고 할 수 있지요. 병아리가 알을 깨고 나오듯 자기 세계를 깨고 나와 타자의 영역에 자기를 던져 넣고 바라볼 줄 아는 것이 철드는 것이고 메타 인지이지요. 그래서 예전에는 어른들이 이런 말을 자주 했습니다. "남자는 군대를 갔다 와야 철드는 법여."

가정이라는 안전지대에서 불안한 타자의 세계로 자기를 던져 넣고 낯선 상황에 적응하는 게 군대입니다. 보호받고 인정받던 나의 세계에서 계급적 질서에 복종하는 타자의 자리에 던져지는 게 군대입니다. 그곳에서 졸병 노릇을 하며 자기 존재를 타자화시키고 객관화시키며 세계에 대한 인식이 바뀌게 됩니다. 이기적 자아에서 협력하는 공동체의 질서를 배우게 됩니다. 더불어 여자는 엄마가 됨으로써 남자가 군대에서 경험한 것들보다 더 큰 경험을 합니다. 그래서 어른들의 말마따나 군대도 안 갔다 온 남자, 애도 안 낳아 본 여자가 철들기는 힘든 법인가 봅니다.

그런 면에서 천국은 철들어야 갈 수 있는 나라라고 말할 수 있습니다. 성숙한 인간으로 거듭나는 과정을 겪은 사람이 가는 나라, 예수 믿고 철들어야 가는 나라 말입니다.

이발소에서 십만 대군을 만나다

 호랑이는 가죽을 남기고 사람은 이름을 남긴다? 조선의 사대부들이 입신양명하여 출세하는 것을 최고의 덕목으로 삼는 유교적 이념에서 온 말이지요. 사람은 이름을 남기는 게 아니라 이야기를 남깁니다. 사람이 살아간 삶의 궤적에는 이야기가 있습니다. 그 이야기는 하나의 세계입니다. 아니, 세계의 전부입니다. 이야기의 기본 골격은 인물, 사건, 배경입니다. 누가, 언제(어디서), 무엇을 하였는가는 그가 살아간 시대와 상황, 그리고 인간이 일으키는 사건들의 총합으로서의 이야기입니다. 그러므로 이야기가 없는 인간은 존재할 수 없습니다.

 자기 이야기가 있는 사람, 자기와 함께한 사람들이 있는 사람, 또 자기를 이야기해 주는 사람이 있을 때, 그는 비로소 존재할 수 있습니다. 타인의 이야기 속에 살아 있는 인간은 그래서 이름을 남길 수 있습니다. 세계의 무수한 사건들과 마주치고 수많은 사람과 엮이면서 사람은 비로소 하나의 배경을 얻게 되고 의미를 갖게 됩니다. 존재는 사건이 만들어 내는 의미입니다. 나는 그래서 자기 이야기를 풍성하게 가진 사람이 좋습니다. 노인들은 이야기의 웅덩이가 넓고 깊습니다. 그래서 난 노인의 이야기 듣는 걸 좋아합니다. 그들에게는 마르지 않는 농경시대의 풍성한 경험과 세계의 영감이 충만하게 고여 있습니다. 나는 그들의 이야기에 발을 담그고 귀를 씻는 게 좋습니다.

어느 해 여름, 대전 소제동 철거 예정지에 쓰러져갈 듯 위태하게 서 있는 이용원을 만났습니다. 여든다섯 살 된 이종원 할아버지가 그 자리에서 61년째 이발소를 하고 있습니다. 그는 공부를 꽤 잘했지만 집안이 가난해서 학교에 가지 못했다고 하지요. 스물네 살에 대전역 역사 뒤에 있는 소제동 언덕배기에 이발소를 세우고 여든다섯이 된 지금까지 운영하고 있는 것입니다. 한학을 공부한 아버지가 크게 번창하라고 이발소 이름을 <대창이용원>이라 지어줬답니다. 육십 년을 한 자리에서 이발해 준 사람들 머리 숫자만 헤아려도 십만 대군은 될 것이라는 할아버지. 6, 70년대만 해도 입영장정이 이곳으로 와서 머리를 다 깎고 갔으니 십만 대군 설도 우스갯소리만도 아닐 듯싶습니다.

그는 자신의 손을 거쳐 간 사람들을 다 기억하고 있었습니다. 대전역 관사에 있던 철도청 간부들의 나이와 직급, 이름과 그들의 가족관계, 그리고 그들이 맺고 있는 인맥들, 그들이 좋아하는 헤어스타일과 이발 주기까지 줄줄이 꿰고 있었습니다. 입영장정이 머리를 깎고 있을 때 이발소 문을 붙잡고 닭똥 같은 눈물을 흘리던 애인의 옆모습도 정밀 묘사로 기억에서 풀어냅니다. 눈발이 날리는 골목길을 국화빵 봉지를 품에 안고 퇴근하던 철도청 하급 노동자의 발소리를 기억하고, 한여름 밤 골목으로 몰려나와 부채질하던 아낙들과 애들의 칭얼대는 소리를 기억합니다.

역(驛)은 출발지이기도 하고 도착지이기도 합니다. 그리고 잠시 거쳐 가는 곳이기도 합니다. 하지만 어떤 방식으로 그곳을 거쳐 가든 그들은 하나의 흔적을 남기고 갑니다. 사람의 흔적은 이야기가 됩니다. 대창이용원은 그 이야기들이 떗국물처럼 눌어붙어 좀처럼 지워지지 않는 흔적입니다. 세면대의 타일과 앙증맞은 수조, 60년을 한결같이 부부처럼 살을 부비고 살아온 면도칼과 미제 말가죽 스트랩, 비누거품솔, 내가 어릴 적 읍내 이발관에서 본 것 그대로입니다. 나보다 세 살 더 많은 대창이용원 물건에는 켜켜이 이야기가 쌓여 있습니다. 나는 그 물건들 하나하나를 눈에 넣으며 필름을 거꾸로 돌려 어린 시절로 돌아갑니다.

이발한 지도 보름밖에 안 됐는데 난 머리가 깎고 싶어졌습니다. 아니, 머리를 깎고 싶은 게 아니라 그것을 핑계로 그의 이야기에 발을 담그고 싶었습니다. 그는 바리캉을 사용하지 않고 가위질로만 40여 분 동안 머리를 손질했습니다. 그 40분 동안 60년의 세월이 흘렀습니다. 세면대에 머리를 숙이고 앉으니 동업자인, 그의 오래된 부인이 내 목에 수건을 감아 주고 작은 수조에 물을 받아 머리에 부어 줍니다. 아, 어린 날의 읍내 이발관 냄새가 코끝을 타고 올라옵니다. 코끝이 찡합니다.

수조의 물이 머릿속을 흘러내릴 때 생각합니다. 나는 얼마나 많은 이야기를 가졌는가. 나는 얼마나 많이 이야기되는가. 내 이야기 속의 수많은 인물은 그들이 가지고 있는 이야기 속의 수많은 인물과 얼마나 많은 인연을 맺고 있는가.

세계는 분리된 원자들의 개체로 구성된 게 아니라 원자들이 만들어 내는 관계의 그물망으로 구축되었습니다. 그 관계의 그물망은 우리의 이야기입니다. 그래서 성서의 첫 문장은 이야기로 시작합니다. "태초에 하나님이 천지를 창조하시니라."

예언자적 백수

세상의 모든 시인은 예언자적 백수였습니다. 예전엔 그랬습니다. 시인은 당연히 그래도 되는 줄 알았습니다. 시인에게 직장은 어울리지 않았습니다. 정해진 시간에 일어나 슈트를 입고 서류가방을 들고 집을 나서는 시인, 조직에 속하여 규범에 얽매인 시인, 월급쟁이 생활을 하는 시인, 이런 시인은 왠지 가짜 시인 같았습니다. 시인은 부당한 권위와 억압적인 규율에 침을 뱉고 조롱하며 인간과 사회가 나아가야 할 올바른 방향을 제시하는, 예언자들이었습니다. 그런데 시인이 직업 사회의 일원이 되면서 예언자적 사명을 저버리게 되었습니다.

시인이 직업을 갖지 않는 것은 자유로운 영혼을 위한 선택이며 예언자적 사명을 위한 권리입니다. 부도덕하고 타락한 사회에 경고하는 자리, 그것이 시인의 자리였고 그 자리는 광야였습니다. 시인에게 가난은 부끄러움이 아니라 낭만이고 특권이었습니다. 그래서 비 오는 날은 광야의 술 취한 시인들 소리를 막걸릿집에서 쉽게 들을 수 있었습니다. 비 오는 날, 고무신을 끌고 나가 시인들을 만나 격의 없이 술잔을 기울이며 부도덕한 세상에 침을 뱉었지요. 그러면서 우리 자신은 얼마나 고결한 존재인지를 은연중에 암시하며 그 마음을 즐겼습니다. 비 오는 날은 세상이 다 타락해도 오로지 시인만은 고결해야 한다는 선민의식으로 뭉치기 좋은 날이었습니다.

그런데 언젠가부터 시인이 타락하기 시작했습니다. 시인들이 직업을 갖게 되면서부터입니다. 돈을 벌어야 먹고살 수 있다는 세속적인 압박에 시인들이 하나둘 굴복하기 시작했습니다. 시인이 회사원이 되면서 예언자적인 감수성이 무뎌지기 시작했습니다. 대기업 사원이 되어 노조원을 멸시하는 편에 서고, 공무원이 되어 특정 이념을 신봉하게 되고, 주식을 하면서 돈벌이에 눈이 어두워지기 시작했습니다.

가난하게 골방에 처박혀 언어를 무기로 세계와 투쟁하던 시인들이 다 회사로 몰려 나가게 된 이유는 백수 없는 세상을 요구하는, 자본가들의 이데올로기 때문입니다. 모든 인간을 노동하는 기계로 삼는 게 자본주의의 이데올로기입니다. 이는 백수를 도덕적 불경의 대상으로 삼고 혐오와 배제의 대상으로 삼아 수치심을 낳았기 때문입니다.

그 뒤로 타락한 시인들은 가짜 시를 쓰기 시작했습니다. 시가 소녀의 감성적 언어로 바뀌었습니다. 시인은 예언자에서 연예인으로 변질됐습니다. 예언의 능력이 없는 시인들은 영혼 없는 말들을 대량 생산하기 시작했습니다. 직업 목사가 생계를 위해 늘어놓는 설교에 버터를 발라 기름기를 입힌 듯한 말들이 시의 이름으로 범람하기 시작했습니다.

세상이 다 돈에 눈이 어두워 미쳐 버려도 마지막까지 제정신으로 살아남아야 하는 게 시인입니다. 설사 목사가 교회의 공금을 유용하고 세습을 하더라도 시인은 마지막까지 순결했어야 합니다. 그래야 시인의 언어에 신령함이 깃들 수 있습니다. 시인은 예언자적 백수이며 시인의 말은 신령한 백수의 언어입니다. 세상에서 가장 순결한 말들로 병든 세상을 치유할 수 있는 건 시인만이 할 수 있습니다. 그런데 시를 쓰는 사람만이 시인은 아닙니다. 예언자적 감수성으로 세계를 보고 고결한 영혼으로 세상을 향해 외칠 수 있는 모든 젊은이는 다 시인입니다.

별을 보는 기쁨

장마가 끝나고 나면 얼굴을 씻고 나온 햇살이 온 땅에 맑게 빛납니다. 그러면 무논의 벼들에게서 초록빛이 폭포수처럼 쏟아집니다. 집 앞의 무논은 우주를 향해 초록빛을 강렬하게 쏘아 올립니다. 그리고 저녁이 되면 한낮의 초록 주파수를 받은 우주의 행성들이 우리에게 신호를 보내옵니다. 쏟아지는 별들, 해독할 수 없는 그 많은 신호 아래서 우리는 해독할 수 없는 삶을 삽니다. 삶은 해독되지 않는 신비로 충만합니다.

알맞게 구워진 감자처럼 토실토실한 시골 저녁 공기가 찾아오면 우리는 마당에 멍석을 깔고 눕습니다. 짚으로 짠 거친 멍석이 등짝에 문신을 새길 때 소쩍새가 울었습니다. 삼베 요를 깔고 앉은 할머니는 흔들리는 나뭇가지처럼 뜻 모를 옛날 노래를 하며 윗몸을 흔듭니다. 이따금 모기에 물려 칭얼대는 막내의 볼에 침을 발라 주며 토닥거립니다.

마실 나간 아버지는 아직 돌아오지 않고, 어머니는 산짐승처럼 뜨거운 입김을 내는, 삶은 옥수수를 쟁반에 들고 나옵니다. 나는 땟국물이 흐르고 겨드랑이가 축 늘어진 난닝구를 입고 누워 아무 생각 없이 하늘을 봅니다. 마당가의 두레

박 샘물을 길어 등물하는 둘째와 셋째의 자지러지는 소리가 들립니다. "야들아, 인제 그만 허고 거기 외나 몇 개 씻어 오그라."

둘째가 뽀드득 소리 나게 씻어 온 바닷빛 오이를 아작아작 깨무는 소리, 초롱초롱한 별들에서 오이 냄새가 났습니다. 별은 우주의 물결입니다. 그 물결의 파장이 내 영혼에 생의 감각을 모래톱처럼 쌓아 놓습니다. 나는 그것으로 우주의 시간과 공간, 그리고 창조주를 직관합니다.

별을 보다 눈꺼풀이 덮이는 어느 순간, 별똥별이 어둠 속으로 빗살무늬를 그으며 지나갑니다. 그게 내가 본 그 밤의 마지막 별이었습니다. 어쩌면 우리 생명도 저 별처럼, 까무룩하니 잠 속으로 빠져드는 순간처럼, 그렇게 사라지리라는 것을, 눈꺼풀이 덮이는 찰나에 어린 나는 불꽃처럼 깨달았는지도 모릅니다.

별과 나 사이가 수십억 광년이 된다는 사실을 알았을 때, 별은 이미 별이 아니라 과거의 시간이었습니다. 별과 나 사이에는 거리도 없고 시간도 없습니다. 별은 이야기고 꿈이고 내가 누운 멍석 마당이었습니다. 별과 나 사이의 거리가 수학적으로 이해된다는 건 내가 별을 잃어버렸다는 뜻입니다. 계산할 수 없는 거리, 측정할 수 없는 우주와 존재의 심연에서 빛나는 자아, 별은 우주로 확장된 내 자아의 심상(心象)이었습니다.

별을 바라보는 것은 생각의 외피를 벗는 일입니다. 나

를 둘러싼 지식과 도덕적 관념들, 학교, 친구, 선생님, 가족, 마을 들과 같은 구조적 삶에서 자기를 해방하는 일입니다. 우주에 충만한 창조주의 숨결이 별과 별 사이의 우주에 흐르고 있음을 느끼는 것, 아는 것이 아니라 느끼는, 그것이 별을 보는 기쁨입니다. 그것은 사랑의 기쁨 같은 것입니다.

별을 본 지가 너무 오래됐습니다.

아무도 위로해 주지 않을 땐 중경삼림을 본다

 삶이 가끔 외롭다고 느껴질 때, 왕가위(王家卫)의 영화를 봅니다. 특히 <중경삼림, 重慶森林>은 나에게 한 편의 빼어난 시(詩)입니다. 오프닝 신(scene)에서 흔들리며 빠르게 스쳐 가는 이미지들은 실존의 불안과 허무를 인상주의 화풍으로 보여 줍니다. 그 그림들은 이후에 전개되는 사건들을 압축해서 미리 보여 주는 서시(序詩)의 역할을 합니다.
 시는 기존의 문법을 파괴하고 새로운 문법으로 이야기합니다. 그런 면에서 왕가위는 영화를 찍은 게 아니라 카메라로 시를 쓴 것입니다. 그의 시는 비틀즈(The Beatles)와 하루키를 버무려 놓았고 실존주의와 허무주의를 엮어 놓았다고 해도 될 정도입니다. 사람의 기억과 운명을 통조림의 유통기한에 빗대어 말하며, 인간의 유한성에 대해 허무주의적 통찰을 보여 주기도 합니다. 시적인 언어들이 예측할 수 없이 툭툭 튀어나올 때, 나는 좋은 시의 행간을 읽을 때처럼 무릎을 칩니다.

 "우린 서로가 매일 어깨를 스치며 살아가지만, 서로를 알지도 못하고 지나친다. 하지만 언젠가는 친구가 될 수도 있을 것이다. 내 이름은 하지무, 경찰이며 넘버 233이다. 우리가 가장 가까이 스쳤던 순간에는 서로의 거리가 0.01cm밖에 안 되었다. 57시간 후, 나는 이 여자와 사랑에 빠진다."

도시 문명 가운데 살아가는 현대인의 허무한 초상을 이 독백만큼 시적으로 아름답게 표현할 수 있을까요? 도시, 문명, 자본의 바탕화면 위에 사랑, 이별, 식사, 잠, 마약, 살인, 섹스, 권총 같은 아이콘들이 의미 없이 나열됩니다. 하지만 그 의미 없는 아이콘들이 스테인드글라스처럼 하나의 화려한 창을 만들어 나갑니다. 이별과 사랑이라는 주제로, 두 개의 서로 다른 에피소드를 하나의 프레임 안에 넣습니다. 그런데 이 우연과 필연이라는 낯선 사건들이 이질감 없이 마치 하나의 이야기처럼 편집됩니다. 왕가위는 자본주의의 파멸성과 물질문명이 가져다주는 불안감 위에 인생들을 옴니버스(Omnibus)로 펼쳐 보여주고 있는 것입니다.

금발의 빨간 립스틱을 한 여인(임청하)은 언제 비가 올지 몰라 항상 레인코트를 입고 다닙니다. 하지만 동시에 언제 해가 뜰지 몰라 항상 선글라스를 끼고 다닙니다. 이 부조화가 오히려 조화를 이루며 미학으로 발전합니다. 임청하는 아름답고 매력 있는 여성이지만 마약상이며 잔혹하게 사람을 살해하는, 차가운 킬러입니다. 아름다움과 마약, 고독과 살인이라는 이질적인 요소들이 그녀의 캐릭터를 완성합니다. 또한 그녀는 미모의 차가운 도시 여자이지만, 그녀의 패션에서 도시 문명에 던져진 현대인의 실존적인 불안감이 묻어납니다.

이처럼 <중경삼림>에는 아름다움과 폭력성, 우연과 필연, 사랑과 이별, 먹는 것과 잠자는 것, 범죄자와 경찰, 감춤과 드러냄 같은 이미지들이 만성피로처럼 쌓여 있습니다. 아무 상관이 없는 것 같은 사건과 이미지들을 비문법적으로 툭툭 던지지만 결국 그것들은 하나의 작은 프레임들을 이루고 더 큰 그림으로 발전하여 완성됩니다. 불교의 연기(緣起)를 영화로 연기(演技)한 것입니다. 현대 사회의 모순과 인생의 피로감을 화엄(華嚴)으로 설법하고 있는 것입니다.

온갖 주장과 신념들, 자기가 옳다고 믿고 핏대 세우는, 날 선 대립의 긴장 속에 피로감을 느끼는 사람들에게 왕가위는 한 편의 시 같은 영화로 관객을 위로합니다. 그래서 나는, 슬픔과 외로움을 아무도 위로해 주지 않을 때, <중경삼림>을 보곤 합니다. 영화처럼 보지 않고 시처럼 읽습니다. 그러면 무기력하고 무의미하게 스쳐 가는 삶의 순간도 다시 사랑이 시작될 수 있다는 영감을 갖게 됩니다. 비록 그 사랑에 유통기한이 있을지라도, 사랑을 다시 시작할 수 있을 것 같은 느낌이 중경삼림에 있습니다.

삶이 피곤하고 지칠 때, 그리고 아무도 위로해 주지 않을 때, 중경삼림을 봅니다.

눈 오는 날의 만가(輓歌)

나는 할머니의 똥강아지였습니다. 열다섯에 시집와서 육 남매를 낳고 스물여덟에 청상과부가 된 할머니에게 첫 손주가 된 나는, 할머니의 똥강아지였습니다. 할머니 홀로 두고 도회지로 먹고살기 위해 집 떠나는 아버지가 할머니를 위해 남겨 두고 간, 나는 마루 밑의 강아지처럼 할머니의 치마 그늘에서 은총을 받으며 살았습니다. 겨울이면 영감 없는 할머니 집에 밤마을을 오는 할머니들의 입담을 먹고 나는 토실토실해졌습니다.

TV도 전화기도 없던 시절이었으니 모든 정보와 오락이 입으로만 가능한 밤마을은 뜨락에 벗어 놓은 고무신에 흰 눈이 쌓이는 것도 모르게 깊어만 갔습니다. 동네 할머니들은 밤이 짓무르도록 내 영혼에 쌀밥 같은 이야기들을 쏟아 놓았습니다. 호랭이 담 넘어가는 얘기, 숯고개 사는 홀애비 과부 만난 얘기, 향교 너머 아장살이[1] 얘기, 장거리에서 사돈 만난 얘기, 홈떡거리[2] 멍석귀신 얘기, 살쾡이 닭 잡아먹은 얘기, 당산 큰 소나무에서 도깨비 본 얘기들은 내 영혼에 내리는 쌀밥이었습니다.

그 이야기들은 몸에서 영혼으로, 이승에서 저승으로,

땅에서 하늘로, 너에게서 나에게로, 사람에게서 귀신에게로, 지구에서 머나먼 별나라로, 바람처럼 오고 갔습니다. 인간의 작고 미세한 삶의 얘기에서부터 우주적인 상상의 세계로 고무줄처럼 늘었다 줄었다를 반복했습니다. 이야기는 쫄깃쫄깃 하다가도 팅팅 불어 버린 수제비처럼 물러 터집니다. 그러다가 방바닥에 들깨 한 말 쏟아 놓은 듯이 까르르 뒤집어지기도 합니다.

어느 날은 새벽닭이 울 때까지 이야기가 끝도 없이 늘어질 때도 있습니다. 겨울엔 노동이 정지되고 오랜 휴식이 이어지는 계절이기 때문에 내일의 일을 걱정하지 않아도 됐습니다. 살포시 잠든 나는 할머니들이 하나씩 빠져나가는 소리를 듣습니다. 목젖까지 차오른 이불 끝으로 새벽 찬 바람이 파고드는 것은 누군가 문풍지를 나부끼며 격자문을 열고 방을 나가고 있다는 뜻입니다. 고무신 위에 쌓인, 눈 터는 소리가 살짝 열린 귓구멍으로 들어오면, 나는 다시 잠 속으로 깊이 자맥질합니다.

어느 날, 할머니는 내게 이렇게 말했습니다. "나 죽거들랑, 산일[3]하는 데 따라와서 바가짓밥 많이 먹어야 헌다. 그래

---

1. 유아 사망률이 높았던 시절에 어린아이 시신을 항아리에 담아 집단 매장지로 사용했던 야산을 아장살이라 했습니다. 지금은 사전에도 안 나오는 말이 돼버렸습니다.
2. 저자의 고향마을의 한 장소로 아낙들이 밥때가 되면 쌀, 푸성귀 같은 음식 재료를 씻는 마을 공동 우물 이름입니다. '우물+때+거리'가 합쳐져 '우물때거리'인데 '훔땍거리'로 축약 변형된 것입니다.
3. 죽은 사람을 장지에 매장할 때 '산에서 하는 일'이라는 뜻의 고유어입니다.

야 수염이 굼실굼실 난단다. 쉬염이 있어야 사내다운 게여."
옛날에는 주방 기물이 귀한 터라 박 속을 긁어내고 그 껍질을 말려 바가지를 대량으로 준비해 뒀는데 이게 박 바가지입니다. 마을에 큰일을 할 때 사용하기 위해서입니다. 거기에 국밥을 말아 상여꾼들이나 산소 일을 하는 인부들, 그리고 문상객들을 대접했습니다. 그걸 바가짓밥이라고 합니다.

할머니 상여가 나가는 날은 눈이 참 많이 내렸습니다. 손끝, 발끝이 시리고 귓불이 떨어져 나갈 만큼 아렸습니다. 할머니의 몸은 삼베에 꽁꽁 묶여 눈꽃을 받으며 땅속으로 들어가고, 나는 장작불 옆에서 돼지고기를 뭉텅뭉텅 썰어 넣은 국밥을 먹었습니다. 벌건 국밥으로 뜨거운 눈송이들이 장작불처럼 젖어 들었습니다.

할머니는 자기 죽음을 비극적으로 말하지 않았습니다. 주검을 옆에 두고도 국밥을 말아 먹어야 하는 게 오늘의 삶이고, 또 그런 삶을 용납하는 게 죽음의 관용이라고 말한 것입니다. 몸이 차갑게 굳어 땅속으로 들어가는 사람과 국밥 한 그릇으로 몸을 데우고 다시 일어서야 하는 사람의 운명이 다르지 않다고 말해 주었던 것입니다.

할머니의 장지(葬地)에 가서 뜨거운 국밥을 먹어서인지 나는 수염이 많습니다. 할머니는 자신의 무덤 위에 푸르게 자라날 잔디와 건강한 청년으로 자라날 손주의 턱에 자라날 수염을 병치시켰던 것입니다. 당신이 돌아갈 나라는 어둡고 캄캄한, 죽음의 세계가 아니라 이제 싱싱하게 자라나는 손주

얼굴에 돋아날 푸른 수염처럼 푸르른 날들이 될 것이라는 순환론적 세계관을 가지고 있었던 겁니다. 그 세계에서 내 얼굴의 푸른 수염은 할머니의 삶과 죽음이 만나는 꿈과 생명의 언덕입니다. 사람들은 조상의 묘소를 참배하고 산소의 잔디를 깎으며 망자의 생명과 지금 여기에 실존하는 내 생명이 순환론적으로 관계하고 있음을 느끼겠지요. 그래서 나는 아침마다 산소의 잔디를 깎는 마음으로 면도를 합니다. 할머니가 내 모습을 푸르고 싱싱하게 바라보고 계시는 것 같아서, 최대한 행복한 모습으로 벌초를 합니다.

3부

영원을
사모하다

빔, 그리고 새터 이발소

　명절엔 빔을 했습니다. 명절에 새 옷 입는 것을 빔이라 하고, 또 그 옷을 빔이라 했습니다. 그래서 설날에 입는 새 옷을 설빔이라 하고 추석에 입는 새 옷을 추석빔이라 했습니다. 명절 전 대목장에서 어머니가 사 오신 빔을 장롱 속에 넣어 두고 명절을 기다리는 보름이나 열하루 남짓 동안 새 옷을 입어 보고 싶어 안달하기도 합니다. 하지만 옷이 더러워질까 봐 어른들은 입어 보는 것을 허락하지 않습니다. 명절까지 인내하며 참는 그 시간은 똥 마려운 강아지처럼 끙끙대면서도 즐겁고 행복한 느낌으로 충만했습니다.

　명절 아침에 꺼내 입은 빔은 바지 끝단과 소맷자락을 두세 번 접어야 했습니다. 클 때까지 입으라고, 으레 좀 큰 치수로 입히는 게 그 시절 궁색한 살림살이의 관습이었습니다. 하지만 촌스럽지 않았습니다. 모두 그렇게 접어 입었으니까요. 몸에 맞지 않아 헐렁하고 뻣뻣한 새 옷의 느낌이 낯설고 불편했지만, 그것은 어른이 되면서 낯선 세계와 부딪치며 적응해야 하는 인생사의 예비적인 경험이었습니다. 세상은 몸에 맞지 않는 새 옷처럼 낯설고 뻣뻣하고 헐렁거리는 불편함입니다. 그래도 새 옷은 깨끗하고 싱그러운 느낌이 있습니다.

빔을 통해 우리는 그렇게 낯선 세상에 던져진 실존의 부조리에 적응해 가는 연습을 했던 것입니다.

명절 며칠 전에 할머니 손을 붙잡고 새터 이발관에 갑니다. 진 씨 성을 가진 아저씨는 따뜻하고 자상했지만 세상에서 가장 날카로운 칼을 가진 사람이었습니다. 이발소 장의자에서 순서를 기다리는 동안 진 아저씨는 낯선 남자의 구레나룻에서부터 목젖까지 빽빽하게 들어찬 검은 수염을 실밥 뜯어지는 소릴 내며 밀어내고 있었습니다. 거칠고 빽빽한 검은 수염을 기관차처럼 힘차게 밀고 가는, 날 선 칼날은 묘한 신비감이 있습니다. 어쩌면 그것은 가장 잔혹할 수도 있는 힘이 가장 부드러워질 때 나오는 소리일지도 모릅니다. 얼음처럼 차갑고 이성처럼 날카로운 면도칼을 염치없이 둔해 빠진 말가죽에 쓱싹쓱싹 문지르면, 가장 둔한 것과 가장 날카로운 것이 상처 내지 않고 서로를 부대끼며 날카로움을 더하는 것도 신비한 일입니다. 그것은 물리적 원리를 넘어서 영적 신비와 닿아 있을 것만 같습니다.

내 차례가 되면 진 아저씨는 임금님처럼 높고 덩치 큰 의자의 팔걸이에 빨래판을 올려놓고 그 위에 나를 앉힙니다. 이발소 의자는 키 작은 꼬마가 앉기에 너무 덩치가 크고 위엄이 있었습니다. 진 아저씨가 내 목에 하얀 다우다 보자기를 두르면 나는 쥐구멍에 숨어 목만 내밀고 있는 '톰과 제리'의 생쥐 같은 느낌이 들었습니다. 보자기 속에 숨겨진 몸의 은밀함과 보자기 밖으로 드러난 머리의 대자적(對自的)인 상황은 매우 이질적이고 낯선 경험이었습니다. 그런데 그것은 몸의 내밀한 감각과 이성의 합리적인 사유가 낯설게 부딪치는 인생의 예비적 경험이었습니다. 사람은 죽을 때까지 두 가지 감각이 갈등하는 모순 가운데 살아가게 됩니다.

진 아저씨의 바리캉이 재칵재칵 소리를 내며 내 측두엽을 지날 때, 그의 손아귀에서 활시위처럼 팽팽하게 당겨진 힘줄이 이완되고 수축되는 소리, 근육과 관절이 운동하는 소리가 들립니다. 귀를 덮은 더벅머리가 시원하게 잘려 나갈 때, 어쩌면 그것은 성적 쾌감의 유비적 경험이었을 수 있습니다. 짧은 머리카락이 코끝에 걸려 나비처럼 숨을 쉬면 재채기가 나올 것만 같습니다. 진 아저씨는 그런 나의 낌새를 알아채고 바리캉을 잠시 멈추어 줍니다.

나는 착한 아이라서 아저씨가 머리를 깎는 동안 가만히 있어 주어야 합니다. 하지만 보자기 아래 감춰진 내 몸의 어느 구석인가는 끊임없이 반란을 일으키고 있습니다. 발가락을 꼼지락거리거나 손가락으로 여러 가지 모양을 만들어 보기도 합니다. 그리고 머릿속으로는 오만 가지 상상을 합니다. 겉으로 드러난 착한 아이 모습과 다른 아이가 보자기 속에 살고 있었던 것입니다. 나는 착한 아이가 아니라고, 보자기 속에 있는 내가 외치는 소리를 진 아저씨는 알아챘는지도 모릅니다. 다 알면서도 모르는 척하는 게 미덕인 것을 진 아저씨 같은 어른은 이미 다 알고 있었을 테지요.

새터 이발관은 오래되어 낡고 때가 낀 유리창 미닫이가

있었지만, 그것이 빛을 가로막지는 않았습니다. 그곳은 자상하고 따뜻한 아저씨가 있었고, 세상에서 가장 날카로운 면도칼이 있었으며, 둔한 것과 날 선 것이 부딪치고, 상처 내지 않고 서로를 존중하는 곳이었습니다. 감이 익어 가는 가을빛이 창문으로 가지를 깊게 드리운 새터 이발관, 그곳에서 내 고추가 여물었습니다.

번데기 십 원어치

우리는 그렇게 불렀습니다, 뻔디기라고. 겨울 길거리 간식 중에 붕어빵 같은 밀가루 음식이 넘보지 못할 고단백 영양 간식이 번데기였습니다. 길거리 리어카에서 유난히 김이 많이 나는 곳이 있으면 그건 십중팔구 번데기 장수였습니다. 번데기는 연탄불에 오래오래 삶아지고 졸아서 육수가 잘박해질 때 가장 맛있습니다. 짭조름한 국물 맛과 오래 고아서 부드러워진 번데기의 식감, 그리고 고소한 풍미는 겨울의 미학을 구성하는 오브제였습니다.

번데기 10원어치를 사면 아저씨는 군고구마 같은 미소를 지으며 신문지를 찢어 만든 종이 고깔을 뒤집어 소복하게 담아 줍니다. 그것을 받아 든 손이 얼마나 흐뭇한지 나는 얼굴이 수국처럼 벙글어집니다. 보석 반지를 끼듯 번데기를 한 알씩 입에 넣을 때마다 그 겨울의 풍미는 내 어린 영혼에 깊은 향취를 새겨 놓았습니다. 겨울은 번데기가 있어서 겨울이었습니다. 길거리에 번데기 장수가 없는 겨울은 겨울이 아니었습니다.

2023년 11월에, 인터넷에 인공지능 채팅 로봇(ChatGPT)이 등장했습니다. 이 챗봇은 구글의 생태계를 위협할 정도로 빠른 속도로 어마어마하게 성장해 버리고 말았습니다. 그런데 나는 이 AI 채팅 로봇을 몇 번 사용하고 전율이 일었습니다. 처음엔 데이터를 단순히 편집하여 기계적인 답변만 제공하던 것이 이젠 사용자가 직접 입력하지 않은 내용까지 맥락을 유추하여 답변할 정도로 알고리즘이 빠르게 진화해 버렸습니다. 2, 30여 년 남은 나의 여생 안에 AI가 삶의 모든 것을 지배하게 되리라는 상상을 하니 두려웠습니다.

우리는 신기술을 쉽고 편리하게 받아들여 사용하지만, 그것이 우리의 사유와 선택의 범주를 침해하게 될 때 인간은 인간으로서의 의미와 정체성을 잃게 됩니다. 유발 하라리는 인간(사피엔스)이 지구를 정복하고 우세종이 될 수 있었던 것은 추상적인 사고와 이야기의 그물망을 만들어 내는 정신 능력에 있었다고 말합니다. 그런데 그 이야기(스토리텔링)의 알고리즘을 AI가 지배하여 의미의 그물망을 만들게 될 때, 인간은 스스로에게 부여했던 신성한 존재로서의 의미와 가치를 상실하게 될 것입니다. 그것이 내가 느낀 두려움의 이유입니다.

인간이 마지막까지 인간으로 남을 수 있는 것은 자기모순과 한계를 인정하는 것입니다. 우리는 너무 많은 것으로 자기 완전성에 도달하려고 합니다. 수학적 계산으로 완전한 답을 찾으려 하고 기계적 논리로 자기 완전성을 주장합니다. 자기의 모자란 부분을 감추는 것으로 완전해 보이려 합니다. 그런데 종교는 인간의 불완전성에 대한 의식으로부터 출발합니다. 특별히 교회는 불완전한 존재들이 함께 모여 인간의 연약함을 드러내며 하나님 앞에 엎드려 제사하는 공동체입니다. 그리고 불완전한 존재들이 자기모순과 한계를 드러내며 서로 감싸고 치유하는 공동체입니다. 컴퓨터나 로봇이 만들어 내는 기계적 정확성이 아니라 모자란 인간들이 서로를 감싸고 치유하며 성숙해지는 영적 알고리즘이 작동하는 공동체가 교회입니다.

나에게는 어린 시절 10원어치 번데기를 손에 쥐었을 때의 그 흐뭇하고 따뜻한 느낌이 교회의 느낌이었습니다. 신문지로 만든 종이 고깔의 꼭짓점으로 흐르는 번데기 육수를 핥아 먹던, 빈곤한 모습이 인간입니다. 그런 인간들이 함께 모여 위로받고 치유되는 알고리즘이 교회 안에 있었습니다. 10원어치 번데기 육수가 잘박하게 흐르는 인간의 맛, 그 맛을 교회에서 느끼게 하고 싶습니다. 내가 원하는 교회 공동체는 그런 것입니다.

그래서 목사인 나는 교인들에게 나의 모자란 모습을 감추려고 애쓰지 않습니다. 우리 교인들도 서로에게 털털한 모습으로 다가가고 서로에게 녹아들기를 바랍니다. 인간이 병드는 것은 완전해지려는 욕망 때문입니다. 완전해지려는 강박으로부터 자유롭게 되는 것이 신앙의 목표입니다. 모자라니까 사람이고, 모자라니까 서로에게 기대며, 모자라니까 구원이 필요한 겁니다. 그게 인간입니다.

서로에게 10원어치 번데기일 때 우리는 구원에 가장

가까이 다가갈 수 있습니다. 나는 당신에게 딱 10원어치 번데기만 되고 싶습니다.

영원이라는 순간

2001년 3월에는 탈레반이 바미얀의 석불(石佛) 두 구를 폭파했습니다. 무자비하게 대포를 쏘아 암벽에 조각된 두 개의 거대 불상을 폭파해 버렸습니다. 그것들은 각각 38미터와 53미터 높이의 불상으로 1,500년 전에 제작된 것입니다. 2015년에는 IS 무장대원들이 고고학 유물이 전시된 모술박물관에 난입하여 대형 망치와 드릴로 수천 년 된 고대 석상과 조각들을 때려 부쉈습니다. 그뿐만 아니라 모술도서관에 보관된 8,000여 점의 고대 문서 중 2,000여 점을 불태워 버렸습니다.

수천 년 된 고대 유적들이 무참하게 파괴되는 모습을 보면서 많은 사람이 경악했습니다. 그런데 고대 유적에 대한 이해와 감성에는 그것의 예술성이나 학술적 가치보다 시간에 대한 의미와 이해가 더 크게 작용합니다. '고고학적'이라고 말할 때는 그것이 얼마나 오래되었는가에 대한 시간관념이 기저에 깔려 있습니다. 고고학적 유물이 파괴될 때 사람들은 인류가 지나온 시간의 궤적이 파괴되는 느낌을 받습니다. 과거와 연결된 시간과 존재 의미에 반응하는 것입니다.

지구에서 가장 오래된 유적은 독일의 고고학자 클라우

스 슈미트가 발견한, 9천5백 년 전 유물로 추정되는 터키의 테베 신전입니다. 창조과학론자들의 주장대로 젊은 지구론을 따르면 지구의 역사는 6천 년밖에 되지 않습니다. 이들의 주장에 따르면 인간은 6천 년의 고고학적 유물밖에 안 됩니다. 진화론자들의 주장대로 지구상에 인류가 출현한 시기를 약 5백만 년 전으로 잡는다면 인간의 몸은 5백만 년의 고고학적 유물입니다. 또 지구의 나이는 46억 년 정도로 봅니다. 그런데 빅뱅이든 창조든 46억 년이든 6천 년이든 그 숫자가 그렇게 큰 의미가 있는지 생각해 봅니다. 이 우주에서 말입니다.

9천5백, 6천, 5백만, 46억…. 이 숫자들이 의미하는 게 무엇입니까. 지구가 태양을 회전한 숫자에 불과합니다. 지구에서는 이 숫자로 표시된 지구의 회전수가 크게 느껴지지만, 지구를 조금만 벗어나서 바라보면 지구는 마치 원자핵을 공전하고 있는 전자처럼 미세한 입자에 불과합니다. 시속 1천 6백 킬로미터로 자전하며 시속 10만 7천 킬로미터로 공전하는 지구, 총알보다 빠른 속도로 회전하는 '창백한 푸른 점'(지구)에서 생각하는 고고학적 시간이란 게 얼마나 무의미한 것인가요.

알렉스 필리펜코(Alex Filippenko) 버클리대 교수는 허블 망원경으로 지구에서 가장 멀리 있는 별을 관측하는 데 성공했습니다. 지구로부터 50억 광년 떨어진 은하계를 관측하다가 청색 초거성을 발견한 것입니다. 50억 광년 거리의 은하계에서 90억 광년 떨어진 별을 보게 된 것입니다. 빛의 속도로 90억 년을 달려야 하는 거리입니다. 지구의 공전 속도보다 1천 배나 빠른 속도로 달려야 하는 거리에서 보내온 빛을 본 것입니다.

지금 우리가 보고 있는 많은 별은 인류가 태어나기 훨씬 전의 별입니다. 지구가 탄생하기 전의 별입니다. 수백에서 수십억 년 전의 별입니다. 우리는 영원히 현재의 별을 볼 수 없습니다. 지금 우리가 보고 있는 별은 이미 몇 억 년 전에 사라지고 없는 별일지도 모릅니다. 지구에서 고고학적 유물을 애지중지하며 그것의 의미와 가치를 따지는 게 그래서 보잘것없는 것입니다.

하지만 우리는 지구에서의 이 무의미한 찰나의 시간에서 영원을 바라봅니다. 영원이란, 시간의 개념이 아니라 무시간의 개념이며 반(反)시간의 개념입니다. 영원에는 과거와 현재와 미래가 함께 있습니다. 시간의 동시성을 느낄 수 있는 감성, 그것은 영원의 감각입니다. 영원과 시간에 대한 감성은 우주를 창조한 분에 대한 직관에서 나옵니다. 그래서 영원한 시간에 대한 감성을 성서는 신앙이라고 말합니다. 구약성서 전도서 3장 11절은 "사람들에게는 영원을 사모하는 마음을 주셨느니라."라고 하는데, 이는 시간과 존재에 대한 근원적인 감각을 말합니다. 영원에 대한 감각은 우주의 깊숙한 곳으로 촉수를 뻗어 존재의 풍성한 질감을 느낄 수 있게 합니다. 그래서 참된 신앙은 오늘의 한계와 모순을 넘어 영원을 향해 촉수를 뻗습니다.

그러나 종교적 감성이 없는, 이성의 촉수로 우주의 크기를 감각하게 되면 존재는 무의미하고 허무해집니다. 지구에서 가장 멀리 날아간 보이저 1호에서 보내온 지구 사진을 보고 칼 세이건이 지구에 붙인 이름처럼, 지구는 우주의 '창백한 푸른 점'에 불과합니다. 지구와 태양계, 우리 은하(갤럭시), 그리고 은하단으로, 초은하단으로 확장되는, 알 수도 없이 광대무변한 이 우주의 공간과 시간에 압도당하지 않으려면 우리는 영원에 대한 감각을 잃지 말아야 합니다. 그 감각을 지혜의 스승(코헬렛)으로 불리는 히브리 현자는 '영원을 사모하는 마음'이라고 말합니다. 그것을 한 단어로 말하면 '신앙'이라고 하지요.

부존재의 존재 증명

　엄마가 없어졌습니다. 아기는 엄마의 몸에서 분리되어 나왔지만, 엄마의 가슴에 안겨 젖을 빨고 살냄새를 맡으며 엄마와 일체감을 느낍니다. 아기에게 엄마는 아직도 세계의 전부입니다. 그 세계의 부재(不在)를 알아챈 아기는 놀라게 됩니다. 잠을 자던 아기가 깨어 우는 것은 그 때문입니다.

　아기는 자라면서 엄마로부터 점점 분리됩니다. 이 분리는 더 크고 넓은 세계로 나아가기 위한 과정입니다. 그 세계로 나아가는 과정에서 아기는 여러 번 자기 세계의 상실과 부재를 경험합니다. 아이 때 젖니가 빠지면서 상실과 허무를 경험합니다. 두개골 아래에 튼튼하게 고정되었던 이빨이 빠지면서 자기 파괴를 경험합니다. 사랑하는 연인과 헤어지고 난 뒤에 오는 외로움과 쓸쓸함은 엄마의 부재를 알아챈 아기나 젖니를 잃은 아이가 경험한 부존재와 상실감의 확장입니다.

　사람은 이전의 세계를 잃음으로써 다음 세계로 나아갑니다. 또한 잃어버린 세계를 통해 다음 세계로 나아갈 새로운 에너지를 얻습니다. 더 성숙해지게 되는 것입니다. 나에게 당연하게 있어야 하는 것(사람)으로 생각했던 게 없어졌을 때 당혹감과 상실감은 더 큽니다. 엄마, 이빨, 연인 같은 것들이 그렇습니다. 잃어버릴 수도 없고 잃어버려서도 안 되는 것들의 부존재는 상상하지도, 예측하지도 않았기 때문에 더 아픕니다.

하지만 그 허무와 쓸쓸함 때문에 사람은 이 세계를 다르게 바라보게 됩니다. 매양 같은 시각으로 사물과 세계를 보는 게 아니라 다른 시선으로 볼 수 있게 되는 것입니다. 시각의 교정이 일어나는 거지요. 특히 자기를 스스로 볼 수 있게 눈이 뜨이는 때가 사랑하는 사람을 잃었을 때입니다.

누군가를 사랑하게 될 때 사람은 그에게 자기를 투사하고 몰입합니다. 이별을 상상하지도 못하고 예측할 수도 없을 만큼 일체가 되어 버립니다. 그래서 이별이 찾아왔을 때 더 당황하고 더 큰 허무와 쓸쓸함을 경험합니다. 하지만 그것으로 자기 내면을 보는 눈이 열리게 됩니다. 자기 존재가 누군가와 연결되어 있었다는 사실을 비로소 알게 되는 것이지요. 당연히 그랬고, 그래야 하는 것으로 생각했던 세계에 지각 변동이 일어나며 나의 인식도 바뀌게 됩니다. 존재하던 것의 부존재를 통해 나의 존재를 깨닫게 되는 것입니다. 이것이 부존재의 존재 증명 방식이지요.

김창완이 1982년에 불렀던 산울림의 노래 <회상>은 바로 그런 과정에서 일어나는 존재에 대한 자각을 보여 줍니다. 달빛 밝은 밤길을 걷다가 갑자기 헤어진 연인이 생각납니다. 변함없이 옆에 있어 주었고, 있어 줄 것이라 믿었던 그대가 떠났다는 사실을 깨달은 순간 "바람이 차가워지"는 것을 느낍니다. 심리적 외로움에 대한 은유입니다. 얼어 버린 듯이 그 자리에 서서 이별의 충격파를 받을 때 그는 울고 맙니다. "마음이 너무 아픈" 상태를 "달빛이 숨어 흐느끼고 있"다고 빗대어 말합니다.

> 길을 걸었지, 누군가 옆에 있다고 느꼈을 때
> 나는 알아 버렸네, 이미 그대 떠난 후라는 걸
> 나는 혼자 걷고 있던 거지
> 갑자기 바람이 차가워지네
>
> 마음은 얼고, 나는 그곳에 서서
> 조금도 움직일 수 없었지, 마치 얼어 버린 사람처럼
> 나는 놀라 서 있던 거지
> 달빛이 숨어 흐느끼고 있네
>
> 우- 떠나 버린 그 사람, 우- 생각나네
> 우- 돌아선 그 사람, 우- 생각나네
> 묻지 않았지, 왜 나를 떠나느냐고
> 하지만 마음 너무 아팠네
> 이미 그대 돌아서 있는 걸
> 혼자 어쩔 수 없었지
> 미운 건 오히려 나였어

노래 가사의 종결어미는 '~다'가 아니라 '~네', '~걸', '~지', '~어' 등으로 끝납니다. 마치 친한 친구에게 비밀을 속삭이듯이 말합니다. 독백처럼 조용히 읊조리듯 말합니다. 그런데 노래는 떠나간 연인에 관한 이야기가 아니라 그 사람 때문에 겪게 되는 화자의 태도와 내면의 심리 상태를 말합니다. 그대가 떠나게 된 이유가 자기 때문이라고 말합니다. 하지만 "미운 건 오히려 나였어."라는 마지막 말을 통해 자기 존재의 모순과 연약성을 보게 됩니다. 자기를 떠나간 사람이 미운 게 아니라 그러한 상황에 던져질 수밖에 없는 연약하고 모순으로 가득 찬 자기 존재에 대한 자각입니다. 부존재를 통한 존재 인식 과정입니다.

신앙이란 그런 것입니다. 상실과 부존재를 통해 자기 존재를 자각하는 것, 그래서 슬프고 외롭고 아파서 우는 거 말입니다. 로큰롤(Rock and roll)처럼 소리치고 울부짖는 게 아니라 발라드(ballade)처럼 읊조리며 고백하듯 기대고 엎드리면 좋겠습니다. 엎드린 자리가 인간의 자리입니다.

나는 왜 하나님을 믿는가

아, 인간은 얼마나 절망적인가요? 이 세계 어디에도 같은 종족을 혐오하고 증오하며 대량으로 학살하는 종족은 인간밖에 없습니다. 우리는 이것을 보지 못하도록 인간 중심, 국가와 민족 중심으로 역사를 편집하고 왜곡해 왔습니다.

과학과 문명, 이성과 합리주의 같은 것들이 세계를 진보로 이끌고 있다는 것은 얼마나 거대한 망상입니까? 세계와 인간은 진보라는 망상 가운데 자신을 파괴하며 퇴보하고 있습니다. 이것이 인간을 절망하게 만드는 코기토(나는 생각한다, 고로 존재한다)입니다. 인간 존재의 가장 근원적 특성이라고 주장한 데카르트의 '사유(思惟)하는 인간'이 자신을 얼마나 절망에 빠트리고 있는가요.

과연 인간을 신뢰할 수 있는가? 과연 인간이 스스로 구원에 이를 수 있는가? 잠깐 마시고 돌아서는 커피 한 잔을 위해 일회용 플라스틱 용기를 사용하고, 단 몇 분의 시간 동안 사용하고 버리는 포장재들이 바다를 뒤덮어 해양생태계를 교란하고 있습니다. 분해되지 않은 미세 플라스틱들이 땅과 바다의 생명을 죽이고 있습니다. 현대문명은 엄청난 전기를 소비함으로써 전기 공급을 위해 원전을 짓고 그로 인한 방사능 문제 앞에 생명이 담보 잡혀 있습니다.

서로를 잔혹하게 학살하기 위한 전쟁 무기가 문명국가에서 대량으로 생산되고, 가난한 나라들에 판매되고 있습니다. 전쟁 무기를 생산하는 몇몇 제국적 국가는 가난한 나라의 국민이 굶주려 죽어가는데도 무기를 구매하도록 분쟁을 부추깁니다. 여차하면 서로를 죽일 준비를 하라고 불안과 공포를 파는 것입니다. 이것이 인간입니다.

나는 인간을 신뢰하지 않습니다. 인간이 스스로 구원받을 수 있는 존재라고 믿지 않습니다. 내가 말하는 구원이란 종교적 내세 구원이 아니라 현세의 무질서와 공포를 이기고 지속해서 평화와 안정이 이루어지는 사회를 구축하는 것입니다. 이것은 성경에서 말하는 구원의 여러 차원 중 중요한 의미입니다. 인류 역사에서 그런 사회가 몇 번이나 있었고 얼마나 지속되었는지 돌아봅니다. 교과서는 이런 인간의 비극적 역사를 가르치지 않습니다. 종족주의에 빠져 있기 때문입니다.

종족주의는 진실을 왜곡하여 사람들의 눈과 귀를 어둡게 합니다. 그래서 편견에 빠지게 하고 폭력적으로 타자를 공격하도록 부추깁니다. 그 종족은 정치, 경제, 교육, 성(性) 같은 것으로 나누고 투쟁하는 것을 즐깁니다. 특히 종교가 종족화될 때 그것으로부터 나오는 혐오와 배제, 폭력은 가공할 힘을 갖습니다. 이성이 마비되고 광기에 사로잡히게 됩니다.

내가 아는 한 신학자가 있습니다. 해외의 명문대학에서

학위를 받고 돌아와 한국의 신학대학에서 교수로 은퇴한 분입니다. 그의 학문적 태도는 엄격하고 세련됐으나 현실에서는 거의 쓸모가 없습니다. 그의 학문은 학문으로서의 기능적 탁월성은 있지만 비현실적입니다. 그의 학문과 지성은 유튜브에서 쏟아지는 가짜뉴스 하나 분별하지 못합니다. 그의 많은 공부가 편견과 왜곡, 혐오와 배제의 종족주의에 편입됐기 때문입니다. 보수 언론들이 쏟아 내는 가짜뉴스와 왜곡된 정보를 분별하지 못하고 편견과 혐오에 빠져 있습니다. 그의 생각은 견해의 다양성이 아니라 종족주의의 폐쇄성과 폭력성에 사로잡혀 있습니다.

나는 인간의 이성(지성)을 신뢰하지 않습니다. 나 역시 그러한 인간의 한 부류라는 사실의 인식에서부터 구원에 대한 갈망이 시작됩니다. 나는 나를 구원할 수 없습니다. 아니, 인간은 스스로를 구원할 수 없습니다.

자기를 포기할 때만이 구원이 있다고 예수는 가르쳐 주었습니다. 십자가를 짊어짐으로써 구원의 길을 보여 주었습니다. 자기를 포기하고 고난의 길을 간 예수에게 구원이 있습니다. 그래서 예수를 따를 때 우리에게 구원이 있다고 믿는 것입니다. 그리고 그 따름 가운데 하나님의 구원의 역사가 시작된다고 믿습니다. 이것이 내가 믿는 예수고 하나님입니다.

나는 인간을 신뢰하지 않습니다. 인간에 절망합니다. 인간은 다만 구원받아야 할 존재일 뿐입니다. 그래서 믿습니다, 나는. 하나님을….

걸레가 된 교수

송기득 교수, 20대 말 즈음에 헌책방에서 그의 책 『인간』을 발견하여 읽은 것이 인연이라면 인연이었습니다. 그런데 어느 날 책을 정리하다 『인간』을 발견하고 책에 쌓인 먼지를 터는데 그가 보고 싶다는 생각이 불현듯 들었습니다. 수소문하여 그를 찾아 대전에서 순천으로 달려갔습니다.

우리는 대번에 마음이 통하고 생각이 활기를 얻어 시간 가는 줄 모르고 대화를 이어갔습니다. 차를 마시고 밥을 먹고 해변을 거니는 시간 속에서도 대화는 잠시도 그치지 않았습니다. 그의 신학 포커싱은 '인간의 신 이해'가 아니라 '신의 인간 이해'였습니다. 그래서 '가장 인간다운 것이 가장 신적인 것'이라고 말하고 싶어 하였습니다.

그는 나를 순천의 값싸고 맛있기로 유명한 한정식집에 데려갔습니다. 꽤 긴 시간 동안 줄을 서서 먹어야 하는 소문난 맛집이었습니다. 우리는 20여 분 줄을 서서 기다린 뒤에야 허름한 한옥 구들방에 앉을 수 있었습니다. 문전성시를 이루는 그 식당은 앞 손님이 먹고 나간 자리를 미처 치우기도 전에 뒷손님이 밀물처럼 밀고 들어왔습니다. 우리의 자리도 치워지지 않은 잔반들과 식기류들이 어지럽게 널려 있었고 일하는 아주머니들은 정신없었습니다.

그런데 그는 앉자마자 앞 손님이 먹고 남은 테이블 위의 식기류들과 잔반들을 정리하기 시작했습니다. 그리고 바닥에 떨어진 음식들과 휴지 같은 것들까지 걸레를 가져다 샅샅이 닦기 시작했습니다. 나는 당황스러워 그의 걸레를 빼앗으려 했습니다. 내 돈을 주고 먹는 식당에서 내가 당연히 받아야 할 서비스를 손님인 내가 식당에 역으로 제공할 이유가 없다는 것이 내 생각이었고 태도였기 때문입니다. 나의 만류에도 불구하고 그는 아무 소리 안 하고 그 일을 계속했습니다.

드디어 밥이 나오고 식사를 하는 중에 그는 이렇게 말합니다. 식당 종업원의 힘든 노동에 내가 함께하는 것, 내 돈 주고 내가 당연히 받아야 할 서비스를 역으로 제공하는 것이 가장 집약된 예수의 사랑이며 기독교적 인간이라고. 일상에서의 섬김과 나눔이야말로 가장 숭고한 예수 정신이라고 그는 거침없이 말을 쏟아 냈습니다. 그가 평생에 펼쳤던 신학과 철학이 그의 손에 들려 있는 걸레 하나에 집약되어 있었습니다. 그때 내 두개골에 금 가는 느낌을 받았습니다. 지금까지 내 안에 견고하게 구축된 신학, 세계관들이 그의 몇 마디 말에 파열되었습니다. 그는 걸레 하나로 나를 돈오(頓悟)의 상태로 밀어 넣었습니다.

이후 반년 만에 다시 그를 만나고 싶어 순천으로 내려갔습니다. 그의 지성은 여전히 칼날같이 빛나고 있었습니다.

하지만 얼마 전에 부인과 사별하고 나서 마음이 많이 무너져 있었습니다. 그 때문에 뇌경색이 와서 몸까지 무너져 편마비가 온 상태였습니다. 순천만 갈대밭을 느린 걸음으로 함께 걸으며 또다시 인간과 하나님, 세계와 자아 같은 이야기를 갈대 사이로 바람처럼 읊조렸습니다.

하지만 그는 이제 삶을 정리하고 있었습니다. 제자들과 후배들, 그리고 그를 따르는 많은 사람을 한자리에 모이게 하여 지상에서의 마지막 송별 잔치를 계획하고 있다고 말했습니다. 연락하면 올 수 있겠느냐는 말과 함께 나에게 우편으로 보내 준 책들을 기억하지 못하고 다시 자신의 저서들을 꺼내어 사인해 주었습니다. 그의 손끝이 심하게 떨렸습니다. 같은 책을 다시 주었지만 나는 거부하지 않았습니다. 책이 아니라 마음을 주고 싶은 그의 뜻을 알기 때문입니다. 인사하고 돌아서는데 등 뒤에서 그가 큰 소리로 말합니다. "김 목사, 날 풀리면 다시 내려와서 내 방의 책들 다 실어 가게." 삶을 정리하는 늙은 신학자가 나에게 줄 수 있는 마지막 선물이라는 생각에 눈시울이 붉어졌습니다.

돌아오는 길에 졸음이 밀려와 휴게소에서 잠을 청하였습니다. 전화벨 소리가 울려서 받으니 그였습니다. "잘 가고 있는가?" 밤길 장거리 운전이 걱정되어 확인 전화를 한 것입니다. 그런데 그의 목소리가 젖어 있었습니다. 울고 있는 것입니다. 강직하고 단단하여 바늘 끝 하나 들어갈 것 같지 않은 그의 내면에 물이 고여 있었습니다. 부인을 먼저 보내고 홀로 남겨진 아파트의 방 안에서 식어가는 공깃밥처럼 외로움에 던져진 그를 생각하니 생감자를 씹는 것처럼 마음이 아렸습니다.

식당에서 테이블을 닦고 바닥을 닦던 걸레에 힘을 주었을 때 물기가 흐르는 것 같은 환영이 다가왔습니다. 평생 칼날 같은 사유와 논리로 신학의 지평을 열었던 그가 말년이 걸레 하나로 남았는데, 그 걸레에서 축축한 눈물이 흘러나와 내 발등을 적시는 환영이었습니다. 전화를 끊고 난 뒤 운전을 하지 못하고 울었습니다. 인간의 쓸쓸함에 대해서, 존재의 연약함에 대해서, 아니, 인간의 마지막 남은 한 방울 외로움이 물컹 만져졌기 때문에, 눈물이 났습니다.

걸레 하나로 남은 사나이, 송기득 교수님의 그 맑은 인간의 밑바닥에 눈물이 출렁였습니다.

졌냐, 이겼냐, 이것이 문제다

야구는 통계를 분석하여 승률을 예측할 수 있는 확률 게임입니다. 그러므로 야구는 인간의 몸을 통해 이성이 작동하는 스포츠입니다. 반면 축구는 인간의 본능을 자극하는 스포츠입니다. 90분 동안 오직 공 하나만을 쫓아서 건장한 청년들이 필드를 달리는, 수렵인들의 사냥 본능을 재생하는 것이 축구입니다. 우리가 축구를 보며 함성을 지르고 눈물을 흘리는 것은 사냥감을 포획했을 때와 사냥감으로부터 공격당했을 때의 그 환희와 고통의 재현입니다. 축구는 우리 안에 야생의 감각과 본능을 자극하는 가장 원시적인 스포츠입니다.

사람들은 축구를 보면서 자기 안에 있는 원시적 리비도를 자극받습니다. 그렇습니다, 축구는 내 안에 잠재된 생명의 기운을 타자의 육체를 통해 끌어올려 삶의 투지를 되살리는 기재입니다. 축구는 또 집단생활을 시작한 최초의 인류로부터 유전된 협력과 상생의 공동체성을 재현합니다. 개인의 기량만으로 사냥감을 포획할 수 있는 게 아니라 사냥꾼들의 조직적인 협력으로 먹이를 얻고 공동으로 분배했던 원시 공산 사회의 생활양식이 축구 안에 남아 있습니다.

그런데 스포츠를 관람하다 보면 많은 사람이 승패에 집

착하는 것을 보게 됩니다. 지느냐, 이기느냐. 아니면 졌냐, 이 겼냐로 스포츠를 이분법적 단순성 안에 가두게 되는 것입니다. 스포츠를 과정으로 이해하고 즐기기보다 결과에 집착할 때 폭력적 승부 심리가 나옵니다. 이런 집착과 과몰입 현상은 축구의 종주국인 영국에서 특히 심하게 나타납니다. 훌리건(Hooligan)은 스포츠가 어떻게 인간을 폭력과 광기로 몰고 가는지 보여 주는 사례입니다. 협력과 상생의 공동체 행위가 혐오와 배제로 변질되고 전쟁의 광기로 빠지게 되는 것입니다.

이탈리아가 월드컵에서 두 번 연승한 것이 1934년과 1938년입니다. 월드컵 역사상 연승한 나라는 브라질과 이탈리아뿐입니다. 그런데 이탈리아가 월드컵 연승의 기록이 가능했던 배경에는 무솔리니의 파시즘이 있었습니다. 무솔리니 이전에 이탈리아에 축구 열풍이 없었던 것은 아니지만 무솔리니가 축구를 정치적 도구로 사용했을 때 연승할 수 있었습니다. 무솔리니가 축구에 집중적으로 투자하고 홍보함으로써 이탈리아 사람들은 축구에 열광하며 동시에 파시즘의 선동에 동조하게 됩니다.

박정희 정부는 1974년에 테헤란에서 열린 아시안게임 선수단이 입국하는 과정을 TV로 생중계했습니다. 선수들은 김포공항에서부터 서울 시청까지 카퍼레이드를 하며 시민들의 열광적인 환호를 받았습니다. 금메달리스트를 선두로 화환을 목에 두른 선수들을 향한 환호는 국가에 대한 자부심과 박정희 체제에 대한 신뢰로 이어졌습니다. 쿠데타로 집권한 박정희가 국민을 결집시키기 위해 스포츠를 이용한 것입니다.

이와 같이 스포츠는 전체주의와 부당하고 부패한 정권에 대한 비판적 시선을 돌리기 위한 수단으로 악용되기도 합니다. 하지만 그보다 더 큰 문제는 지느냐 이기느냐, 우리 편이냐 아니냐와 같은 이분법적 세계관입니다. 이분법적 분리의식은 우리 안에 내재한 고유한 인간성을 훼손하고 혐오와 배제, 대결 같은 폭력적 감정을 만듭니다.

2022년 카타르 월드컵 H조 조별 예선 2차전 경기에서 한국은 가나에 2대3으로 패했습니다. 이에 흥분한 축구팬들은 프리미어리그 토트넘과 대한민국 월드컵 대표팀의 주장인 손흥민 선수의 부진에 대해 비난의 화살을 쏟아부었습니다. 그때 손흥민은 챔스(UEFA UCL) 조별 리그전에서 부상을 당해 마스크를 착용하고 국가대표에 합류했습니다. 손흥민은 신체적 한계 상황에서도 땀범벅이 되어 온몸을 불사르는 투지를 보였습니다. 그것은 승부를 넘어 한 사람의 선수가 필드를 전력으로 달리며 온 힘을 다함으로써 자신이 공동체의 요구에 얼마나 부응하고 있는지를 보여 준 성실한 태도였습니다. 손흥민은 결과와 무관하게 그 가치를 충분히 보여 줬습니다.

하지만 평소 손흥민에 대해 뜨거웠던 팬심은 냉혈적으로 바뀌어 버렸습니다. 그가 보여 준 열정과 헌신, 그리고 진정성, 그가 쏟아 낸 땀방울을 본 게 아니라 자신들의 기댓값을 충족시키지 못한 결과만을 보았기 때문입니다. 이럴 때 대중은 이기적이고 속물적입니다. 우상처럼 떠받들고 열광하던 선수를 향해 한순간 돌변하여 침을 뱉고 손가락질하는 태도로 돌변합니다.

그래서 월드컵을 보면서 이런 상상을 해 보았습니다. 우리가 사는 이 세상과 인간이 축구장이고 또 우리가 사는 일이 축구 경기라고 가정한다면, 또 하나님이 우리의 경기를 보는 관객이라면 하나님은 과연 무엇에 초점을 두고 경기를 보실까, 하는 엉뚱한 생각 말입니다. 하나님은 누가 이기느냐, 누가 지느냐에 초점을 맞추실까? 그렇지 않을 것 같습니다. 누가 멋지게 드리블하는지, 누가 멋지게 어시스트하는지, 또 누가 완벽한 동작으로 공격수를 방어하는지, 승부차기에서 세 골이나 막아 낸 크로아티아 골키퍼 리바코비치의 멋진 선방 같은 우리의 삶의 장면을 보면서 환호하지 않으실까? 감독의 전술과 선수들의 조직력, 협업 플레이를 보면서 즐기지 않으실까?

하나님이 세상을 창조한, 그 창조의 손길 안에는 이기느냐 지느냐 하는 이분법적 단순성보다 세계와 우주를 거대한 그물망으로 만들고 그것들을 경영하시는 즐거움이 있으리라, 상상해 봅니다. 이런 상상으로 우리의 신앙을 돌아보면 우리는 참으로 유치한 짓을 하고 있는지도 모릅니다. 천국이냐, 지옥이냐, 라는 이분법으로 세계와 인간을 단순화시키는 교리적 경직성이 마치 지느냐, 이기느냐로 단순화시켜 서로 비난하는 것과 무엇이 다른가, 말입니다. 하나님이 그렇게 옹졸하고 편협한 승부주의자인지 생각해 봅니다.

    내가 믿고 사랑하는 하나님은 온 우주에 편만한 아버지의 마음이고, 한없이 넓고 포근한 어머니의 치마폭 같았으면 좋겠습니다. 못난 자식, 잘난 자식 차별 없이 다 가슴 풀어 젖을 멕이고 코 닦아 주며 따순 밥 입에 넣어 주는 어머니처럼 세상 모든 것을 품어 주고 긍휼히 여기는, 자애로운 하나님이었으면 좋겠습니다. 걸핏하면 화내고 징계하는 엄한 아버지보다 품 넓은 어머니 같은 하나님이었으면 좋겠습니다. 지옥이냐 천국이냐, 그런 걸로 우릴 주눅 들게 하는 하나님이 아니라, 못난 자식 대신 내가 대신 죽어 줄게, 하시며 십자가에 스스로 못 박히는 아버지의 숭고한 마음 하나만으로 우리는 이미 구원받은 것입니다.

글짓기, 밥 짓기, 김치 담그기

나는 열두 살 때부터 밥 짓기를 시작했습니다. 초등학교 5학년 때였습니다. 새벽 어둠 속에 침침한 눈을 비벼 뜨고 집을 나가서 저녁 어둠 속에 파김치가 되어 돌아오는, 농사짓는 부모님이 안쓰러웠습니다. 그래서 어머니를 위해 뭔가를 준비해 두면 좋겠다 싶어 밥을 지어 보았던 것입니다. 지금이야 밥솥에 쌀만 씻어 넣으면 다 알아서 해 주는 시대가 되었지만, 그때는 가마솥에 불을 때서 밥을 하는 시절이었습니다. 그것도 쌀이 아니라 시커먼 겉보리쌀을 함지박에 박박 문대서 물을 맞추고 불을 맞추는 고난도의 일이었습니다. 가마솥에 하는 보리밥은 쌀밥에 비해 매우 까다롭습니다.

처음 밥 짓는 일은 처참하게 실패했습니다. 밑은 새까맣게 타고 위는 설익은 시커먼 꽁보리밥이 돼 버린 것입니다. 그런데도 엄마는 내 등짝을 어루만지며 밥을 맛있게 먹었습니다. 등짝을 쓰다듬던 엄마의 따뜻한 손에 그렁그렁한 눈빛이 있었습니다. 그 체온을 지금도 잊을 수 없습니다. 엄마의 그 손길 때문에 나는 매일 밥을 지었습니다. 실패할 때마다 엄마가 물 대중하는 법과 불 조절하는 법을 알려 주었습니다.

"밥이 처음 끓으면 솥뚜껑을 뻘쭘하게 열어. 그러면 거품이 잦아들 거여. 그러면 아궁이에 있는 불을 밖으로 살짝 꺼냈다가 다시 솥뚜껑을 닫고 마당을 한 바퀴 돌고 들어와. 그러고 나서 다시 불을 붙여 아궁이에 넣고 닭이 둥지에 들어가서 알 낳을 때만큼 되면 불을 끄고 그냥 놔두면 돼야."

하지만 그게 말처럼 쉬운 일은 아니었습니다. 몇 번을 연거푸 실패하고 나서야 보이지 않는, 가마솥 안에서 일어나는 물과 불과 무쇠와 보리쌀들이 일으키는 물리적 반응을 감각으로 알 수 있었습니다. 밥은 계량화된 수치나 시간이 아니라 직관과 통찰로 지어 내야만 하는 것이었습니다. 그래서 옛말에 밥 짓기를 집 짓기라고 했나 봅니다.

밥 짓기처럼 어렵고 힘든 일이 있다면 그것은 글짓기입니다. 요즘은 '글짓기'라는 말을 사용하지 않습니다. 글쓰기라고들 합니다. 하지만 글짓기와 글쓰기는 엄연히 다릅니다. 글을 쓰는 것은 글의 내용이나 구성, 문학적 기법 등과는 무관하게 그냥 쓰는 데 목적을 둔다는 뉘앙스가 있습니다. 낙서도 글을 쓰는 것이고 난삽한 논문 따위나 취재하지 않고 근거도 없이 카더라 통신으로 대량 생산하는 기사도 글을 쓰는 것입니다. 의미나 맥락 없이 문자를 배설하는 것이 글쓰기입니다. 그래서 SNS는 글 쓰는 사람들의 놀이 공간입니다.

하지만 글짓기는 다릅니다. 말 그대로 지어야 합니다. 여러 가지 재료를 사용해서 건축물을 축조하듯이 지어야 합니다. 불과 물과 무쇠솥과 보리쌀이 물리적 반응을 일으켜 밥이 지어지듯 문법 체계를 뼈대로 하여 논리가 잘 갖추어야 합니다. 주술 관계가 분명해야 하고 수식과 피수식 관계, 주어와 목적어의 호응이 잘 이루어져야 합니다. 주장하는 글은 논거가 탄탄해야 합니다. 이런 것들이 기본적으로 갖추어졌을 때 문학적인 장치를 사용하면 훌륭한 인테리어까지 갖추어진 건축물로서의 글이 지어지게 됩니다. 글짓기는 밥 짓기처럼 수많은 작업의 연속 과정에서 얻어지는, 문법적 직관에 의해 유려해집니다.

글짓기를 하듯 음식을 만들면 기분이 좋아집니다. 생각의 질서가 생기고 마음이 맑아집니다. 나는 가끔 알타리를 사다 총각김치를 담습니다. 알타리를 손질하고 양념을 준비하는 과정, 총각무와 줄기의 간절임의 정도를 맞추는 일, 그리고 양념을 배합하고 간을 조절하여 버무리는 과정에서 마음의 질서를 세워 나갑니다. 글짓기처럼 음식 만드는 일은 나를 치유하고 회복시킵니다.

상처받은 마음은 음식 만들기를 통해 치유될 수 있습니다. 글짓기와 요리는 바깥바람을 차단하고 내면으로 시선을 돌리는 일입니다. 내면을 바라볼 때 치유와 회복이 일어납니다.

초식동물을 위한 복음

개역성경은 번역상의 많은 문제가 있음에도 불구하고 그만의 독특한 매력이 있습니다. 조선 말기까지 명맥을 이어온 가사문학의 4.4조 율격이 밑바탕에 깔려 있습니다. 읽을 때마다 입안에 맛난 음식을 먹을 때의 풍미와 노래를 부를 때의 정감이 느껴집니다. 특히 산상수훈이라 불리는 마태복음 5장의 전반부는 그 질감이 특별합니다. 3절부터 10절까지는 기독교인이 아니더라도 누구든 암송하여 미음완보(微吟緩步)하며 명상하기에 좋은 구절입니다.

그런데 산상수훈을 읊조릴수록 입에서 풀 향기가 납니다. 마치 초식동물이 푸른 풀밭에서 싱싱한 풀을 뜯으며 행복한 본능에 취하는 느낌입니다. '행복한 본능'이란 초식동물만이 가지고 있는 고유한 특징이라고 말할 수 있습니다. 누군가의 생명을 강탈하여 자기 생명을 유지하는 육식동물의 탐욕과 공격 본능을 스스로 거세하고, 연약한 상태로 자기에게 주어진 생명의 자리에서 자족하며 감사하는 감각적 본능 말입니다.

육식동물은 공격적이고 파괴적인 관계 맺기를 통해 자기 존재를 과시하고 세계를 지배하려는 본능을 가지고 있습니다. 타자를 정복하고 파괴해서 내 생명을 유지하는 것이 그들의 존재 방식입니다. 타자를 죽여서 나를 살리는 것이 육식동물의 존재 방식이고 그것이 이 세계를 움직이는 하나의 원리로 작동합니다. 그 원리는 힘입니다. 힘으로 타자의 소유와 생명을 강제로 빼앗는 것입니다.

제국주의는 육식동물의 탐욕과 야수성을 가진, 인간이 빚어낸 세계 현상입니다. 강한 군사력과 경제력으로 타자와 그의 세계를 침탈하고 그 대가로 자기는 부와 평안을 누리려는 야만의 지배체제가 제국주의입니다. 인류의 역사는 제국주의가 발흥하기 이전에도 이미 제국주의적 야수성을 내포하고 있었습니다. 인간은 먹이사슬의 최상위에 있고 이들의 동물적 야수성에 높은 지능까지 탑재되어 있으니 가장 잔혹하고 야만스러운 육식동물인 셈입니다. 그러므로 인간이 육식동물의 최상위에 위치할 때 세계는 무모해지고 위험에 처하게 됩니다.

신약성서는 이러한 제국의 지배체제 아래서 탄생한 문서들입니다. 특히 산상수훈은 오직 힘과 권력만이 이 세계의 작동 원리라는 제국의 야만과 폭력 앞에, 압박받는 사회적 약자들과 소수자들을 위한 복음입니다. 예수는 이들이 힘이 없어서 착취당하고 고통당하는 존재라고 말하지 않습니다. 그런 존재라면 언제든 힘과 권력이 주어지면 같은 방식으로 타자를 지배할 수 있을 것입니다. 예수가 바라고 강조한 인간과 세계는 힘에 의한 지배가 아니라 공존과 평화의 연대였습니다. 힘이 있으나 그 힘을 포기한 존재, 타자의 생명을 자기 이익의 수단으로 삼지 않는 존재, 타자에 대한 이해와 긍휼로 충만한 존재, 타자를 깊이 품을 줄 아는 관용과 용서와 화해의 존재들이 만들어 가는 나라를 '하나님 나라'라고 말합니다.

　　이러한 자기 포기의 절정을 십자가에서 보여 줌으로써 예수는 하나님 나라의 이상을 이 땅에서 실현하라고 가르칩니다. 그래서 십자가는 가장 잔혹한 방식으로 인간을 살해한 처형 도구였음에도 불구하고 그 이상의 숭고함을 전해 주는 메시지로 우리에게 다가옵니다. 예수는 자신이 초식동물의 행복한 본능을 설교하고 그 설교를 실천함으로써 이 땅에서 살아가는 힘없고 가난한 자들에게 위로와 소망을 전한 것입니다. 예수를 따르는 사람들은 그 나라를 이 땅에서 경험함으로써 궁극의 하나님 나라를 맛볼 수 있음을 깨달았습니다. 그러므로 하나님 나라는 아는 것이 아니라 깨달아야 합니다.

　　심령이 가난한 자, 애통하는 자, 온유한 자, 의에 주리고 목마른 자, 긍휼히 여기는 자, 마음이 청결한 자, 화평케 하는 자, 의를 위하여 박해받는 자들은 탐욕으로 타자의 생명을 빼앗아 자기 생명을 유지하려는 육식의 욕망을 포기한 초식동물들입니다. 제국의 변방에서 초식동물처럼 빼앗기고 살아가는 가난한 사람들에게 주는 위로와 하나님 나라의 소망이 산상수훈입니다. 그러므로 이 복음의 이면에는 힘을 숭상하지 말라, 힘으로 지배하는 자들의 통치 원리에 저항하라는 메시지가 담겨 있습니다.

　예수가 제자를 부를 때 "나를 따르라." 한 것은 이 세계의 지배원리를 거부하라는 뜻입니다. 힘을 숭상하는 자들에 저항하라는 뜻입니다. 우리를 초식동물의 행복한 본능과 존재의 풍성함 가운데 초대한 것입니다. 타자의 생명을 강탈하기 위해 야수의 눈을 번득이며 공격 본능으로 근육을 긴장시키는 육식동물이 되지 말라는 뜻입니다. 푸른 초원을 유유자적 거닐며 행복한 본능에 젖어 오늘을 사는 초식동물이 되라는 뜻입니다.

　푸른 풀밭을 거니는 마음으로 산상수훈을 읊조리며 느린 걸음으로 천천히 걸으면 입안에서 싱싱하고 향기로운 풀 냄새가 납니다. 그러면 시편 23편에 푸른 풀밭의 이미지가 영혼 깊이 맑은 물처럼 흘러드는 것을 느낄 수 있습니다.

"여호와는 나의 목자시니
내게 부족함이 없으리로다.
그가 나를 푸른 풀밭에 누이시며
쉴 만한 물가로 인도하시는도다."

감동하는 사람이 아름답다

장난감을 선물 받고서 그것을 바라보고
껴안고 놀다가 부숴 버리네.
내일이면 벌써 그 선물 준 사람을
생각지도 않는 아이처럼
그대는 내가 드린 내 마음을 예쁜 장난감처럼
조그만 손으로 장난하듯이 쥐고서 (부숴 버리네).
내 마음이 쓰리고 고통당하는 걸, (그대는) 알지 못하네.

헤르만 헤세가 짝사랑하는 여인을 연모하며 쓴 시 '아름다운 여인(Die Schöne)'입니다. 시인은 자기의 마음을 몰라주는 여인을 철없는 아이에 빗댑니다. 그는 거부당한 사랑 때문에 고통스럽지만, 그녀가 얼마나 사랑스러운지 힘주어 말합니다. 시는 오히려 자기 마음을 몰라주는 여인에 대한 사랑의 정감으로 가득합니다. 그대가 내 마음을 몰라줘도 그대는 여전히 아름다운 여인이라고 노래합니다.

1986년도에 가수 서유석 씨는 헤세의 이 시를 보고 자기 이야기라고 느꼈다고 합니다. 가난한 대가족 집안에 시집온 형수는 시어머니로부터 살림을 물려받아 지독하게 궁핍한 살림을 해야 했습니다. 그런데도 형수는 나이 어린 막내 시동생이 밖에 나가서 기죽지 않게 하려고 모진 가난 속에서도 근근이 푼돈을 모아 용돈을 주곤 했다고 합니다. 형수는 가난한 경제적 상황을 통해 시동생을 본 게 아니라, 어린 시동생을 사랑스럽고 감동 어린 눈으로 보았던 것입니다. 그래서 서유석 씨는 어른이 돼서 헤세의 시를 처음 읽고 나이 어린 시동생을 살뜰하게 챙기던 형수가 오버랩되어 10분 만에 곡을 쓰고 '아름다운 사람'이란 제목을 붙입니다.

서유석 씨는 헤세의 시에 나타난 사랑의 고통과 반대되는 사랑의 정감을 낭만적으로 엮어 아름다운 서정을 자아냅니다. 노래에서도 헤세가 사랑한 그녀는 헤세의 마음을 장난감처럼 망가뜨리기만 합니다. 그러나 헤세는 냉철한 시선으로 그녀를 바라보고 거리를 계산하지 않습니다. 현실적이고 이해타산적으로 생각하면 그녀를 가까이해서는 안 됩니다. 논리와 수식(數式)으로 계산하여 거리를 도출하는 게 합리적이기 때문입니다. 하지만 헤세는 오히려 그녀에게 감동적인 시선을 거두지 않습니다.

'감동'은 어떤 대상에게 반할 때 나오는 심리적 반응입니다. '반한다'라는 말은 '(사람이 무엇에) 마음이 끌려 홀린다'라는 뜻입니다. '홀린다'라는 말은 '(사람이 어떤 대상이나 그의 유혹에) 넘어가 마음을 빼앗겨 정신을 차리지 못한다'라는 뜻입니다. 정신을 차리지 못한 상태, 즉 이성이 마비된 상태를 말합니다.

사람들은 대부분 눈에 콩깍지가 씌어져 이성이 마비된 상태에서 결혼합니다. 서로에게 반했기 때문에 결혼까지 한 것입니다. 그때까지는 모든 것이 감동의 연속입니다. 안 보면 보고 싶고, 같이 있어도 뭔가 더 채우고 싶고, 사랑한다는 말로는 부족한 것 같아 선물을 주고, 멀리서 생각만 해도 마음이 흐뭇하고 따뜻해집니다. 그 사람이 나에게 보내는 감동의 파장만으로 행복합니다. 하지만 살다가 정신 차리고 보니 '내가 미친 짓을 했다'는 걸 깨닫게 됩니다. 그때부터 삶의 감동이 사라지고 냉철한 논리와 합리적인 판단이 부부 사이의 거리를 측정하게 됩니다. 그러면서 관계가 삭막해지고 삶이 피곤해지기 시작합니다.

어린 시절에는 어른을 동경합니다. 학교에 안 다녀도 되고 자기가 하고 싶은 것을 맘대로 할 수 있는 자유가 바다처럼 넓고 풍성하게 보이기 때문입니다. 하지만 어른이 되면 어린 시절에 동경하던 어른의 바다는 사라지고 과도한 노동과 조급함, 내일에 대한 두려움과 강박으로 오늘의 삶이 삭막해집니다. 어린이가 바라본 어른 세계의 동화적인 감동을 빼앗겨 버린 것입니다.

현대사회는 우리를 정신없이 내몰고 있습니다. 너무 바쁜 삶이 우리에게 감동을 빼앗아 가버렸습니다. 이 사회는 우리에게 감동하지 말라고 명령합니다. 빠르게 달리기만을 강요합니다. 전시회에 미술작품을 보고 감동할 수 있는 시간을 빼앗아 버렸습니다. 음악회에서 가족들과 음악을 감상하며 감동할 수 있는 여유를 빼앗아 버렸습니다. 우리에겐 삶의 여백도 없고 상상력도 고갈됐습니다. 많은 연봉을 받고, 넓은 평수의 아파트에 살고, 좋은 차를 타지만 우리는 더욱 궁핍해져만 갑니다. 이것이 존재의 궁핍입니다. 감동이 없기 때문입니다. 사람과 세계를 감동 어린 시선으로 바라볼 수 없기 때문입니다. 삭막한 시선으로 바라본 세계, 건조한 마음으로 예배당의 한 시간을 겨우 채우고 가는 믿음, 차가운 시선으로 바라본 이웃, 그것은 우리의 존재가 궁핍해졌기 때문입니다.

신앙은 잃어버린 감동을 찾는 과정입니다. 감동은 세계와 긴장과 불안, 초조감으로 거리를 계산하며 궁핍하게 살아가는, 현대인들을 치유할 수 있는 신앙의 유산입니다. 하나님은 우리에게 감동 주기를 원합니다. 하나님은 우리가 하나님께 감동하기를 원합니다. 우리가 축복받았다고 생각하는, 외적 조건이 만족스러울 때 나타나는 반응이 아니라, 내 존재의 뿌리가 하나님께 깊이 내려 있을 때 밑바닥으로부터 솟아오르는 에너지가 감동입니다.

하나님을 내 축복의 수단으로 삼게 되면 그것은 하나님이라 이름하는 우상입니다. 하나님을 감동으로 마주하면 그곳에 존재의 풍성함이 있습니다. 함석헌 선생님의 시 '하나님'은 그런 감동으로 충만합니다.

몰랐네
뭐 모른지도 모른

내 가슴에 대드는 계심이었네

몰라서 겪었네

어림없이 겪어보니

찢어지게 벅찬 힘의 누름이었네

벅차서 떨었네

떨다 생각하니

야릇한 지혜의 뚫음이었네

하도 야릇해 가만히 만졌네

만지다 꼭 쥐어보니

따뜻한 사랑의 뛰놂이었네

따뜻한 그 사랑에 안겼네

푹 안겼던 꿈 깨어 우러르니

영광 그득한 빛의 타오름이었네

그득 찬 빛에 녹아버렸네

텅 비인 빈탕에 맘대로 노니니

거룩한 아버지와 하나됨이었네

모르겠네 내 오히려 모를 일이네

벅참인지 그득 참인지 겉 빔인지 속 빔인지

나도 모르는 내 얼 빠져든 계심이네

또 시편 8편은 "여호와 우리 주여 주의 이름이 온 땅에 어찌 그리 아름다운지요"로 시작해서 같은 구절로 끝내어 수미상관을 이룹니다. 시인은 하나님을 향한 감동의 시선으로 세계를 바라봄으로써 주의 이름(존재하심)이 우주 만물 가운데 충만함을 느낍니다. 하나님과 그의 세계에 반한 것입니다. 시인의 감동을 풀어 말하면 '하나님이 세상 만물 가운데 속속들이 계신 것을 이제야 알게 됐다'는 뜻입니다.

    감동은 경외의 다른 이름입니다. 이 세계에 감동하지 않는 사람은 하나님을 경외하지 않는 사람입니다. "여호와 우리 주여 주의 이름이 온 땅에 어찌 그리 아름다운지요."라는 감탄과 감동이 존재의 뿌리에서부터 샘솟을 때, 우리는 시냇가에 심어진 나무처럼 존재의 풍성함을 누릴 수 있습니다. 감동이 없는 삶은 죽은 삶입니다. 감동하는 사람이 아름답습니다.

존재에서 관계로

고대 그리스 자연철학자들은 더 이상 쪼갤 수 없는 최소 단위 물질을 상상하고 그것을 아톰(Atomos)이라 불렀습니다. 물질을 구성하는 최소 단위를 찾아 우주의 궁극을 이해하려 했던 것입니다. 이 세상은 더 이상 나눌 수 없는 최소단위 물질이 꽉 들어찬, 질량을 가진 물질들로 이루어졌다고 보았던 것입니다. 그런데 근대과학은 이 원자의 중심부에 원자핵이 있다는 사실을 발견했고 나아가 그 원자핵의 내부에 양성자, 중성자, 전자가 운동하고 있음을 보았습니다. 그리고 현대 물리학은 양성자와 중성자는 쿼크로 분해되고 쿼크는 글루온과 힉스입자 등 더 작은 입자로 이루어졌음을 발견했습니다.

이 구조와 크기를 비유적으로 말하면 원자가 서울시 면적만 하고 원자핵이 축구공만 하다면 전자는 모래알만 하다고 하지요. 그리고 서울시와 축구공 사이는 비어 있습니다. 엄청난 공백이 있는 것입니다. 그리고 축구공과 모래알 사이 또한 텅 비어 있습니다. 비어 있는 공백, 그것이 물질과 세계를 구성하는 원리라는 것입니다. 세계와 우주는 질량을 가진 물질로 구성된 것이 아니라, 텅 비어 있으므로 존재한다는 역설이 현대 물리학을 통해 입증되었습니다.

입자에 관한 생각에는 '존재'라는 관념이 동시에 내재해 있습니다. 사람들은 이 세계에서 경험할 수 있는, 질량을 가진 것을 실재(實在)로 보았습니다. 그것을 관념에 대립하는 실재로 보고 비존재와 존재로 세상의 구성 원리를 나누어 본 것입니다. 근대의 실존주의 철학도 지금 여기에 물리적 현상으로 존재하는 인간에 대한 이해로부터 출발합니다.

하지만 원자-원자핵-전자의 구조로 바라본 세계의 구성 원리는 존재가 아니라 관계에 있습니다. 텅 빈 공간을 초속 2천2백 킬로미터의 속도로 움직이는 전자의 운동이 원자핵을 존재하게 하고 그 원자핵이 원자를 존재케 하기 때문입니다. 전자의 운동이 원자핵과 관계 맺는 방식은 운동입니다. 이것은 자유 운동이 아니라 목적을 가진 운동이며 질서 안에서의 운동입니다. 즉 물질은 입자가 아니라 텅 빈 곳에서 이루어지는 비물질적 관계로 구성된다는 것입니다.

이를 확장한 물리학 이론이 '끈 이론(String theory)'입니다. 우주를 구성하는 최소 단위는 입자가 아니라 '진동하는 끈'이라는 것입니다. 구(球) 형태의 입자로 이루어진 물질이 아니라 비물질적인 끈의 파동이 물질을 구성하는 최소 단위라는 것입니다. 이 세계와 우주가 끈의 파동에 의해 운동하고 구성된다는 얘기입니다. 이를 정리하면 이 세계는 존재하는 사람들에 의해 구성되고 역사가 만들어지는 것이 아니라 비물질적 운동이 일으키는 파장에 의해서 만들어지고 유지되며 발전되어 간다는 것입니다.

입자물리학이 인간에게 존재에 대한 의식을 심어 주었다면 '끈 이론'은 관계에 대한 이해를 새롭게 해 주었습니다. 존재하는 것들은 자기 존재를 위해 투쟁합니다. 자기와 다른, 타자를 밀어내고 자기 존재 기반을 넓혀 나갑니다. 그래서 존재자들은 나와 타자를 하나의 입자로 보고 다른 입자들과 경쟁하며 투쟁하려 합니다. 이것이 인간의 역사에 나타난 입자적 패러다임(paradigm)입니다. 입자적으로 존재하는 개인들이 만든 세계는 제국이 되고 그 제국의 폭력적 행위를 통해 세상은 병들고 죽어갔습니다.

이런 제국의 폭력 가운데 등장한 것이 성서입니다. 하나님이 아브라함을 물질문명이 발달한 갈대아 우르에서 사막으로 불러낸 것은 새로운 삶으로의 초대입니다. 입자와 입자가 부딪쳐서 존재하는 삶의 방식에서 벗어나라는 것입니다. 사막은 존재함으로써의 아브라함이 아니라 텅 빈 곳에서 하나님과 관계 맺음으로써의 아브라함으로 전환되는 스페이스였습니다. 하나님은 이 세상이 존재자들의 투쟁으로 무너지는 것을 원치 않으셨던 것입니다. 보이지 않는 미세한 끈이 일으키는 파동처럼 거룩하고 신성한 파동으로 관계 맺음을 통해 세상이 기쁨과 소망으로 충만하기를 원하셨던 것입니다.

이렇게 보면 예수는 하나님의 하나님 됨을 포기하고 죄성으로 가득한 인간과 관계 맺은 하나님의 모습입니다. 관계는 입자로 존재하는 내 자아를 깨뜨리지 않으면 안 됩니다. 하나님의 하나님 됨을 깨뜨리고 인간이 되셨다는 것은 관계를 위해 입자로서의 하나님을 버리셨다는 것입니다. 그렇습니다. 하나님은 관계입니다. 선하고 아름다운 관계입니다. 그 관계의 이름을 성서는 '은혜'라고 말하고 있습니다. 용서받을 만한 근거나 자격이 없음에도 용서해 주는 그 시혜가 은혜입니다. 은혜는 관계를 위해 한정 없이 퍼부어 주는, 자식을 향한 아버지의 절절한 마음입니다. 예수 그리스도는 '나'라는 입자적 존재를 위해서가 아니라 나와의 관계를 위해 죽은 것입니다.

우리 안에 선한 관계를 맺게 하려고 교회는 존재합니다. 교회 안의 선한 관계가 파동을 일으켜 세상을 변화시키는 힘이 바로 성령의 역사입니다. 성령의 역사는 일방적으로 일어나는 영적 태풍이 아니라 우리가 불러일으키는 미세하고 조용한 파동입니다. 우리 안에 이 파동이 잠들게 되면 우리는 죽은 것입니다. 바울은 에베소 교회에 보내는 편지에서 "평안의 매는 줄로 성령이 하나 되게 하신 것을 힘써 지키라."라고 말합니다.

그러므로 우리는 스스로에게 물어야 합니다. 나는 존재하고 있는가, 관계하고 있는가.

생각 없는 생각의 문이 열리다

　계룡산 계곡을 걷다가 물이 너무 맑아 잠시 손을 담갔습니다. 맑고 시원한 물에서 알 수 없는 끌림이 있었습니다. 순간 온몸의 감각 기관이 한꺼번에 열리는 경험을 했습니다. 두 손만 물에 담갔을 뿐인데 온몸의 감각이 다 열리고 맑고 시원한 물이 내 몸을 관류하는 것을 느꼈습니다.

　그때 그 물은 그냥 H_2O라는 화학 분자의 결합이 아니라 살아 있는 생명이었습니다. 그 생명이 나에게 말하였습니다. 그것은 자음과 모음으로 발성되는 인간의 말이 아니라 소리가 없어도 말할 수 있고 들리지 않아도 알아들을 수 있는 자연의 언어였습니다. 수년 전에 호두나무에서 들었던 언어, 거실의 화초에서 듣던 언어, 그 신비한 자연 언어를 이번엔 물을 통해 들었습니다. 물놀이하는 주변 사람들의 소음을 피해 더 깊은 계곡으로 들어가 이번엔 발을 담갔습니다. 내 몸이 투명하게 열리고 물이 몸을 관류하였습니다. 나와 물이 분리된 타자가 아니라 하나로 흐르기 시작하였습니다. 세상의 모든 경계가 사라졌습니다.

　눈을 감고 마음의 생각을 비우니 물이 흘러 우주의 바다로 나아가는 게 느껴집니다. 마음에 평화가 가득하고 영혼에 향기가 충만해졌습니다. 무한하고 무한하며 깊고도 오묘한 세계, 존재의 기쁨으로 충만한 우주에 몸을 던지고 중력으로부터 자유롭게 된 상태로 떠 있었습니다. 마음은 더없이 기쁘고 세상은 더없이 사랑스럽습니다. 나뭇가지 사이로 출렁이는 초록빛이 보석처럼 신비합니다. 내가 인간이라는 사실, 내가 존재한다는 사실, 내가 생각한다는 사실, 사실, 사실, 사실들이 사라졌습니다.

그때 생각 없는 생각의 문이 열렸습니다. 이 세계와 자연과 모든 사물 가운데 하나님이 깃들어 있다는 사실에 대해. 우주와 세계와 모든 사물 가운데 유일하신 하나님이 깃들어 있다는 사실에 대해. 하나님이 깃들어 있는 것들은 모두 생명이 있다는 사실에 대해. 심장이 뛰고 호흡하는 동물은 물론 광합성 작용으로 살아가는 초록 식물들도, 돌멩이나 마른 나뭇조각 하나에도 유일하신 하나님의 성품이 깃들어 있음에 대해. 그리하여 하나님은 이 세계에 유일하심을 증명하고 있음에 대해, 생각 없는 생각의 문이 열렸습니다.

세상을 자연과학의 관념으로 이해할 때 생명 없이 닫혀 있고 죽은 것들로 가득하지만, 세상 가운데 하나님의 임재를 보는 자들에겐 생명이 아닌 것이 없음을 알게 됩니다. 눈을 열어서 이 세계를 보면 자연과학적 질서를 볼 수 있지만, 영혼의 눈을 열어 보면 세계의 모든 사물에서 생명의 신비를 볼 수 있습니다. 물이 나에게 말하는 걸 들을 수 있습니다. 그것이 무슨 뜻이고 무슨 의미인지 굳이 알려고 하지 않아도 통하는, 말을 들을 수 있습니다.

바람이 나를 관통하는 소리도 들을 수 있습니다. 206개의 뼈마디와 근육과 지방과 내장의 장기들을 지나가는 바람을 볼 수 있습니다. 나 또한 강을 거스르는 연어처럼 바람에 몸을 맡기고 흘러가고 있음을 느낄 수 있습니다. 타자의 생명을 진심으로 마주하게 되면 내 생명의 신비를 마주할 수 있습니다. 태어나고 성장하고 욕망하다 늙어서 죽는 두발짐승이 아니라, 존재의 심연에 웅숭깊이 고여 있는 내 생명의 신비를 볼 수 있습니다. 그것이 나의 것이 아니라 하나님의 것이며 하나님의 숨결이라는 것을 알 수 있습니다.

타자의 생명에 눈뜨는 사람에게 하나님은 그 생명을 통해 말씀한다는 걸 알게 됩니다. 내 안에 흐르는 하나님의 숨결, 그것을 느끼게 될 때 우리 안에 생명의 신비가 살아 숨을 쉬게 됩니다. 신비란, 일상으로부터 멀리 있는 초월적 경험이 아니라 바로 내 옆을 흐르는 강물처럼 발을 담그기만 하면 열리는 우주적 경험입니다.

생명은 참 신비합니다. 생명과 생명이 만날 때 신비와 기쁨을 느낍니다. 세상 모든 걸 생명으로 보는 눈만 열면 되는데, 그 눈이 열리지 않아서 다들 고통 받고 삽니다. 하나님은 볼 수 있는 분이 아니라 자연과 만물 가운데 느껴야 하는 분입니다. 하나님을 느껴야 내 안의 생명이 살아날 수 있습니다. 생명은 생물학적 '살아 있음'이 아니라 기쁨이 충만한 '상태'입니다. 보십시오. 세상이 얼마나 아름답고 신비한 것들로 충만한지를.

나는 소비된다, 고로 존재한다

　남자가 총을 좋아하는 것은 총구에서 총알이 발사될 때 쾌감을 느끼기 때문입니다. 그것은 총과 유사한 남성의 생식구조에서 정액이 방출될 때 느껴지는 쾌감과 유사합니다. 그런데 자본주의 사회는 이와 유사한 또 하나의 방출을 통해 쾌감을 자극합니다. 소비(consumption)입니다. 사람들은 돈을 방출(지불)하고 그에 상응하는 반대급부를 얻을 때 쾌감을 얻습니다. 소비는 서로를 향해 재화를 발사하는 욕망의 총구입니다.

　그런데 쾌감은 사람을 중독시키는 특성이 있습니다. 쾌감을 반복적으로 느끼고자 하는 본능 때문입니다. 전쟁 중독, 섹스 중독, 쇼핑 중독 같은 것은 본능이 일으키는 질병입니다. 중독이 정말 위험한 것은 자신이 중독됐다는 사실을 알지 못하기 때문입니다. 병적인 징후가 나타나지 않고 적당한 상태를 유지할 때, 그것은 정상처럼 보입니다. 그래서 알아차리기 어렵습니다. 모두 병들었는데, 모두 정상인 것처럼 착각하는 겁니다.

　자본주의는 사람들에게 더 많은 소비, 양질의 소비를 위해 오늘을 살라고 강요합니다. 타인보다 더 많은 소비, 더 고급스러운 반대급부를 향유함으로써 비교우위를 얻으라고 주문합니다. 나의 고급한 소비를 통해 저급한 소비를 하는 자들에게 방아쇠를 당겨 너의 우월함을 증명하라고 명령합니다. 그 총알을 비켜 갈 방법은 자기도 우월한 총기를 소지하는 것입니다. 그것이 자본주의가 사람을 중독시키는 방식입니다.

자본주의는 사람이 돈을 얼마나 써야 만족할 수 있는가에 대한 기준을 제시하지 않습니다. 무한정 총알을 발사할 수 있도록 권리를 보장하고 그것으로 쾌감을 얻으라고 합니다. 하지만 무한정의 자유는 더 큰 갈증을 낳고 그 갈증은 중독을 낳습니다. 지금 우리는 소비 중독의 자본주의 시대를 살고 있습니다. 소비하지 않으면 죽는, 원형경기장에 검투사처럼 던져졌습니다. 로마의 카이사르가 보이지 않는 거대 자본으로 대체되었고, 세계는 그들이 설계하고 건축한 콜로세움이 되었습니다.

마르크스(Marx)가 자본주의에서 인간의 소외를 보았던 것은 예언가적 통찰이었습니다. 그의 주장을 빗대어 말하면, 우리가 이 세계에서 소비하지 않을 때조차 우리는 소비되고 있습니다. 소비의 주체가 아니라 소비되는 상품이 된 것입니다. 내가 돈을 직접 지출하지 않을 때조차 은행은 나를 소비시킵니다. 내가 잠들어 있을 때도 대출금은 잠들지 않고 이자를 발생시킵니다. 내가 자동차의 운행을 멈추고 있을 때도 세금과 보험료는 일자(日字)로 계상되고 있습니다. 나는 소비 위에 존재합니다.

　사람을 만나기 위해 대중교통을 타고 밥을 먹고 커피를 마시는 것, 누군가와 전화 통화를 하는 것, 아름다워지기 위해 화장품을 구입하는 것, 건강해지기 위해 헬스장에 가고, 자전거를 사고, 동호회에 가입하는 것 들이 다 소비의 과정입니다. 경제가 어려울 때마다 '내수 진작'이라는 구호가 자주 등장합니다. 이 말은 소비를 통해 이 사회가 지탱되는 구조라는 뜻입니다. 소비 없이는 국가도 사회도 없고, 나 역시 존재할 수 없다는 뜻입니다. 우리는 소비의 노예입니다.

　그런데 불행하게도 교회도 이 엄혹한 콜로세움 안에 갇혀 있습니다. 하나님 나라의 이상을 통해 독자적인 방식으로 살아남았던 교회가 카이사르의 폭력적 지배체제에 굴복한 것입니다. 기독교가 제국의 종교가 된 순간부터 교회도 제국의 꿈을 꾸기 시작했습니다. 잔혹한 혈투가 벌어지는 원형경기장 한가운데 생존을 위한 투쟁을 벌이고 있는 것입니다.

　이 잔혹한 싸움판에서 그리스도인 됨을 지키기 위해 많은 믿음의 선조들이 저항하며 투쟁했습니다. 그들의 뼈아픈 몸부림을 보면서 나도 나만의 그리스도인의 삶을 생각합니다. 모두가 똑같을 순 없지만 내가 실천할 수 있는 나만의 그리스도인의 삶, 그게 뭘까 고민하다가 이렇게 정하고 이름붙여 봤습니다. 제로데이(무소비의 날)이라고 말입니다. 하루도 돈을 쓰지 않고 살 수 없는 이 사회에서 버틸 수 있는 한 최대한 버티면서 소비를 하지 않는 것 말입니다. 지출이 발생할 수 있는 일을 최대한 줄였습니다.

그런데 생각 외로 마음이 여유로워지고 삶이 풍요로워집니다. 습관적으로 지출하던 것들, 예를 들어 커피, 간식, 불필요한 자동차 이동, 만남 같은 것들을 줄이면 불편할 줄 알았는데 마음이 훨씬 넓어지고 풍요로워졌습니다. 쓸 것이 없어서 내일을 염려하고 고민하는 마음도 많이 비워졌습니다. 내일에 대한 걱정은 소비할 수 없다는 가정 때문입니다. 소비 불능을 무의식적으로 죽음의 공포와 연결하기 때문에 삶이 늘 불안했던 것이지요.

사람의 본성을 병들게 하고 소외시키는 것은 소비를 통해 지탱되는 자본주의 사회 구조와 습관적인 소비에 있습니다. 그 소비의 제국에서 옆으로 한 발만 살짝 벗어났는데도 세상이 이렇게 맑습니다. 소비의 중독에서 깨어나는 것, 이것이 오늘 우리에게 요구되는 메타노이아(회개)일 수 있습니다.

소비를 정지하십시오, 그것이 회개입니다. 천국이 가까이 있습니다.

개의 것은 개에게, 사람의 것은 사람에게

"여보, 어머님 댁에 보일러 놔 드려야겠어요." 보일러 회사의 이 광고 카피는 한때 유행어가 되었습니다. 유행어는 시대의 문제를 담지하기도 하고 당대인들의 사유를 표상하기도 합니다. 적어도 이 말이 유행할 때는 독거노인으로 시골에 홀로 사는 부모님을 배려하는 자식의 마음이 당대의 주요 관심사였습니다. 혈통을 통해 세대를 이어가는 가족 서사가 남아 있던 시대였기 때문입니다. 이때만 해도 가족은 혈연으로 맺어진 운명공동체였습니다.

하지만 이제 끈적거리는 가족 서사는 없습니다. '피를 나눈 형제'라는 말은 진부하고 촌스러워졌습니다. 가족의 자리에 반려동물이 들어왔습니다. 가족이라 불리는 사람 사이의 불편함보다 반려동물에게서 얻는 정서적 편안함이 더 좋아진 것입니다. 이해관계로 인한 충돌이나 세계관과 견해의 차이 때문에 겪는 마찰이 반려동물에게서는 일어나지 않기 때문입니다.

2023년 KB경영연구소에서 발간한 〈한국 반려동물 보고서〉에 의하면 반려동물을 키우는 가구(반려 가구)는 552만입니다. 네 가구 중 한 가구가 반려동물을 키우고 있는 것입니다. 그중 개와 함께 살고 있는 가구 수는 394만으로 71.4%에 해당합니다. 가히 개들의 전성시대입니다.

개들이 이렇게 사랑받게 된 이유는 인간과 정서적 친밀성과 유대감이 다른 동물에 비해 높기 때문입니다. 고양이는 개에 비해 개성이 강하고 때로는 야성을 보이기도 합니다. 하지만 개는 고양이보다 사람에게 더 순종적이며 충성도가 높습니다. 고양이에 비해 주인과 정서적으로 잘 동화되는 기질을 가지고 있습니다. 자본주의 사회의 경쟁과 문명의 피로감이 누적된 삶을 위로받기 위해서는 고양이 발톱처럼 날 선 개성보다 갈등을 유발하지 않는 순종형 동물이 더 좋습니다. 그래서 많은 이들이 개와 함께 살아가는 것입니다.

따라서 요즘은 사람들이 상처받지 않고 싶을 때 가족과 공동체를 떠납니다. 그리고 위로받고 싶을 때 개와 함께 삽니다. 사회적 관계망을 벗어난 나만의 은밀한 곳(가정)에서 개를 양육합니다. 이제 사람들은 자식을 양육하는 것보다, 어머니 아버지를 돌보는 것보다, 형제와 우애를 나누는 것보다, 친구와 우정을 나누는 것보다 개와 함께하는 것을 더 좋아합니다. 사적이고 내밀한 정서적 유대가 기존의 가족 공동체를 통한 연대감과 책임감에 비해 훨씬 수월하고 편리하기 때문입니다.

이제 개는 사람이 먹다 남은 음식 찌꺼기를 먹는 하등 동물이 아닙니다. 마루 밑이나 마당 구석에 한뎃잠을 자고 멍멍이, 워리, 도꾸, 메리 같이 의미 없는 이름으로 마구 불리는 하찮은 가축이 아닙니다. 사람과 같은 침대에서 잠을 자고 부모·형제에게 쏟던 에너지와 경제적 가치를 공유하는 가족입니다. 개는 개가 아니라 이제 고상한 이름을 가진 또 다른 가족입니다.

갈수록 개와 사람의 경계가 무너지고 있습니다. 개를 사랑하는 사람들이란 이름의 '애견인'이란 신조어도 생겨났습니다. 개를 단순히 좋아하는 게 아니라 사랑받고 존중받아야 할 인격적 대상으로 여기게 된 것입니다. 그래서 애견인들은 사회적으로 개화되고 진보적인 사상을 가진 교양인처럼 말해지기도 합니다.

그런데 사람들은 여전히 자신을 개에 빗대어 말하면 수치심과 모욕감을 느낍니다. '개새끼', '개 같은 놈', '개가 되다' 등과 같은 말이 욕설로 남아 있기 때문입니다. 인류와 가장 오랫동안 친밀한 관계를 맺어온 동물인데 사람의 좋지 않은 행실이나 악덕을 말할 때 개에 빗댑니다. 개가 아무리 사람과 친근하고 가까워도 사람에게는 개가 할 수 없는 고도의 사회적 책임과 윤리가 있기 때문입니다. 개가 아무리 사랑스럽고 개를 아무리 존중해도 사람이 품고 있는 고상한 인격과 사회적 윤리를 공유할 수 없기 때문입니다. 그래서 애견인들조차도 자신을 개에 빗대어 말하면 모욕감을 느끼는 것입니다.

개가 주인에게 충성하는 것은 인격적 소통 때문이 아닙니다. 먹을 것이라는 단순한 이미지를 던져 주기 때문입니다.

이미지를 사료로 먹는 개는 주인이 도덕적으로 선한 사람인지 나쁜 사람인지 알 수도 없고 알 필요도 없습니다. 그가 나에게 먹을거리를 준다는 사실만이 중요합니다. 그러므로 사람을 개에 빗대어 말하는 것은 사람의 자격과 지위를 부정하는 것입니다.

  성서에도 개에 관한 이야기가 나옵니다. 예수님은 "거룩한 것을 개에게 주지 마라."고 합니다. 사람의 것은 사람에게, 개의 것은 개에게라는 말입니다. 개와 다른 사람의 품격에 관한 말입니다. 이와 유사한 맥락에서 예수님을 시험하는 바리새인들에게 예수님은 이렇게 말합니다. "가이사의 것은 가이사에게, 하나님의 것은 하나님께 바치라."고. 부패한 권력과 정치인은 하나님이 사람에게 부여한 품격을 갖기 어렵다는 말입니다.

떨림과 울림

예루살렘을 여행 중에 성 안나 교회에서 찬송가 338장을 불렀습니다. 찬송을 부르고 나오는데 초로의 부부가 나를 붙잡고 묻습니다. "우리는 스위스에서 온 사람들인데 당신들 어디서 온 사람들입니까. 당신들의 찬송(Chant)이 너무 아름답고 은혜로웠습니다."라며 얼굴에 형언할 수 없는 감동으로 충만하여 나를 바라봅니다. 11년 전에도 이곳에서 일행과 함께 Amazing grace를 불렀습니다. 우리의 노래를 듣고 있던, 미국 남침례교 교인이라고 밝힌 중년의 부부도 나를 붙잡고 눈물을 글썽이며 자신이 받은 감동을 전해 주었습니다.

그런데 이 감동은 우리가 노래를 특별히 잘 불러서가 아닙니다. 이곳의 공간 구조가 어떠한 소리도 아름답게 만들어 주기 때문입니다. 베데스다 연못 옆에 있는 이 교회는 세상의 어떤 음치가 와서 노래를 불러도 그 소리를 풍성하고 아름답게 해 주는 음향효과가 나타나도록 설계된 고대 건축물입니다. 그래서 예루살렘을 여행하는 사람들이 이곳에서 찬송을 한 곡씩 부르고 가는 필수 코스입니다. 교회 건물 자체가 하나의 거대한 악기인 셈입니다.

좋은 악기는 소리가 시작되는 곳에서 음향의 질이 결정

되지 않습니다. 좋은 악기의 조건은 소리를 증폭해 주는 공간에 있습니다. 소리가 그 공간을 지나며 공명(共鳴)이 일어나게 되는데, 이 공명이 음향의 질을 결정합니다. 그래서 좋은 공명통(共鳴筒)을 가진 악기가 명품 악기가 될 수 있습니다. 소리의 시작점에서 음향이 전파되는 방식은 '떨림'입니다. 이 떨림을 음파(音波)라고 하며 모든 방송은 이 음파를 주파수로 표시하여 송출합니다. 우리의 청각으로 듣는 모든 소리는 떨림 현상입니다.

양자물리학의 한 분야로 '끈 이론(string theory)'이라는 게 있습니다. 고전물리학에서는 물질의 최소 단위가 질량을 가진 입자로 되어 있다고 생각했습니다. 하지만 양자물리학에서는 물질의 최소 단위가 점으로 된 입자가 아니라, 1차원의 끈이라고 봅니다. 이 끈이 끊임없이 진동함으로써 질량과 물질, 세계가 존재한다고 보는 것입니다. 이 세상은 1차원적인 끈들의 떨림에 의해 만들어지고 유지된다고 보는 겁니다.

"나뭇잎이 바람에 떨리다." "입술이 파르르 떨리다." "가슴이 떨린다." "목소리가 떨린다." "살 떨린다." 등과 같이 우리는 자연현상이나 몸의 상태, 심리 상태를 표현할 때 '떨리다.'는 동사를 사용합니다. 우리는 감각적으로, 또는 심리적으로 이 떨림을 통해 세계를 경험하고 타자와 연결됩니다. 삶은 떨림의 과정이고 연속입니다. 사람의 관계도 떨림으로 맺어집니다. 그러므로 떨림이 없는 사람은 죽은 사람입니다.

　우리는 예술 작품을 감상하며 그 감동으로 떨림을 경험합니다. 좋은 음악을 들으며 심장의 떨림을 경험합니다. 사랑하는 사람에 대한 벅찬 감정으로 떨림을 경험합니다. 또 하나님이 우리에게 주시는 은혜와 사랑을 경험할 때 떨림이 일어납니다. 떨림은 나에게 시작되어 외부를 향해 파장이 퍼져 나갑니다. 그런데 이 떨림은 내 안에 공명(共鳴)이 클수록 더 풍성한 울림을 갖습니다. 내 안에 여백이 많을수록 삶의 감동과 기쁨이 우리 안에 풍성하게 울리게 됩니다.

　창세기 33장 1~4절은 원수 되었던 에서와 야곱이 만나 화해하는, 격정적인 장면입니다. 야곱은 어머니와 공모하여 아버지와 형을 속여 장자의 축복권을 빼앗은 대가로 14년 동안 외삼촌 라반에게 속으며 삽니다. 이 과정에서 속임수와 배신으로 인한 상처를 경험하고 그것이 자기 형 에서가 겪었을 배신감과 상실감이라는 사실을 깨닫습니다. 그것을 깨달았을 때, 비로소 야곱은 형의 마음을 진정으로 이해하고 아픔과 상실감, 분노에 휩싸인 형의 처지를 자신의 처지로 느끼게 됩니다. 야곱에게 일어난 이 심리적 상태가 바로 '공감(sympathy)'입니다. 공감은 타자의 자리에 나를 오버랩하는 것입니다. 타자의 입장으로 들어가 그의 경험을 나에게 이입시키는 것입니다.

　이것이 사람과 사람 사이에 일어나는 공명(共鳴)입니다. 공감은 사람에게 일어나는 가장 큰 공명입니다. 이 울림이 클수록 우리는 사람(이웃)을 사랑할 수 있고, 궁극에 하나님을 사랑할 수 있습니다. 신명기와 레위기에 나오는, 율법의 핵심 가르침인 '하나님 사랑과 이웃 사랑'은 이 떨림과 울림의 다른 표현입니다. 신앙은 떨림과 울림입니다. 세상과 이웃(사람)에 대한 이해와 감동이 없는 사람, 타자와 공감하지 못하는 사람, 기계적인 사고로 자기 이해관계와 성공을 위해 모든 에너지를 쏟는 사람에겐 떨림과 울림이 있을 수 없습니다. 이런 사람들이 사회 지도층 인사가 될 때 그 사회는 비인간화되고 폭력성을 띱니다. 한 사회에 기술문명이 고도로 발달할 때도 이런 현상이 일어납니다.

아침에 돋는 해가 지구의 자전으로 일어나는 과학적인 현상이 아니라 우리에게 날마다 베푸시는 하나님의 은혜라고 믿을 때, 길가에 피어난 작은 꽃 한 송이가 계절의 변화에 따라 일어나는 자연현상이 아니라 신비하고 아름다운 하나님의 역사라고 생각할 때, 내가 마시는 물 한 모금이 수소와 산소 분자가 결합한 화학적 물질이 아니라 하나님의 세계에서 일어나는 우주적 사건이며 생명의 신비한 경험이라고 생각할 때, 우리의 생명과 삶은 풍성한 울림을 경험할 수 있습니다.

우리는 과학만능과 물질만능 시대를 살고 있습니다. 이 만능의 시대가 우리에게 신비한 울림을 빼앗아 가버렸습니다. 사람은 돈이 없어서 죽는 것도 아니고, 병들어 죽는 것도 아닙니다. 사람 안에 이 떨림과 울림이 사라졌기 때문에 메말라 죽어가는 것입니다. 에서와 야곱이 서로 부둥켜안고 격정적으로 우는, 그 순간의 공명이 우리 안에서 사라졌기 때문에, 차가운 계산과 이기적 성공담론에 갇혀 메말라 죽어가는 것입니다. 떨림과 울림이 우리 안에 일어나도록, 공명통을 만드는 게 신앙입니다. 내 삶에서 공명이 일어나도록 나를 비우는 게 신앙입니다. 신앙은 존재의 공명입니다.

> "야곱이 눈을 들어 보니 에서가 사백 명의 장정을 거느리고 오고 있는지라. 그의 자식들을 나누어 레아와 라헬과 두 여종에게 맡기고 여종들과 그들의 자식들은 앞에 두고 레아와 그의 자식들은 다음에 두고 라헬과 요셉은 뒤에 두고 자기는 그들 앞에서 나아가되 몸을 일곱 번 땅에 굽히며 그의 형 에서에게 가까이 가니 에서가 달려와서 그를 맞이하여 안고 목을 어긋맞추어 그와 입맞추고 서로 우니라."(창세기 33:1~4)

사랑할 때 가장 아프다

사랑의 아픔에 관한 노래 중 보니 타일러(Bonnie Tyler)의 'It's a heartache'는 인류의 가슴에 남아 있는 아픔 중 가장 오래된 것인지도 모릅니다. 삽으로 콘크리트 바닥을 긁는 듯이 아픈 가슴을 긁는 남성적 허스키 보이스와 사랑의 상실감을 비브라토(vibrato)로 노래합니다. 그런데, 사랑은 아픈 것이고 바보들의 장난이라는 그의 노래를 듣다 보면 오히려 사랑의 낭만과 그리움에 깊이 빠져드는 것을 느끼게 됩니다. 보니 타일러의 목소리가 가진 마력 때문입니다.

많은 사람이 사랑 때문에 살고, 사랑 때문에 죽습니다. 신을 사랑한 인간은 많은 재물을 바치거나 동류 인간, 또는 자기 생명을 바쳐 사랑을 고백하기도 합니다. 고대의 인신 제사는 신을 사랑하는 인간의 극단적인 자기 고백 방식이었습니다. 자기를 죽여서라도 어떤 대상에 몰입하고 그에게 귀속되고 싶어 하는 게 인간의 본성입니다. 그런데 이러한 본성을 깨트리고 역으로 신이 인간을 사랑하는 종교가 등장했습니다. 그리스도교는 인간이 신을 사랑하여 자기를 바치는 종교에서 신이 인간을 사랑하여 자기를 희생시킨 역설의 종교로 2천 년 전 팔레스타인에 등장했습니다.

그런데 인간을 사랑한 신(神), 예수는 인간에게 버림받습니다. 인간을 사랑한 죄로 인간에게 버림받은 것입니다. 예수를 메시아로 믿고 따랐던 수많은 군중은 빌라도의 법정에서 예수를 십자가에 못 박으라고 고함칩니다. 심지어 그의 가장 가까운 심복들인 열두 제자들마저 돌아섭니다. 인간을 사랑한 대가였습니다. 예수가 마지막 죽음의 순간에 한 말을 성서는 단 몇 마디만 기록해 놓았지만, 보니 타일러의 노래 가사처럼 'It's a heartache'라고 하지 않았을까 상상해 봅니다. '마음이 아프다'보다 '심장이 찢어질 것 같다, 사랑이란 이런 건가?'라고.

가장 사랑했던 사람이 배신하고, 가장 믿었던 정치인이 변절하고, 잘 살기 위해 돈을 벌지만 이게 사람 사는 건지 모르겠고, 맛있는 음식을 먹었는데 살찔까 봐 걱정되고, 사랑하고 있으면서 그 사랑이 깨질까 봐 두려워하는, 모순적인 일들이 일어나는 게 인간의 삶입니다.

존재를 불안하게 만들고 삶의 안정성을 깨뜨리는 걸 '악(惡)'이라 합니다. 이 악에 대한 종교적 표상을 사탄, 마귀(마구니)라고 합니다. 악한 일이 일어나고 인간이 불행해지는 이유에 대한 종교의 해석입니다. 그래서 보수적이고 무속적인 종교일수록 악령과 대적하라고 가르칩니다. 이 악령은 가끔 빨갱이가 되기도 하고, 특정 지역 사람이 되기도 하고 동성애자, 혹은 진보주의자가 되기도 하고, 야당 대표가 되기도 합니다. 악에서 벗어나려면 그것들과 맞서 싸우라고 합니다. 마르크스는 사회 구조에 악이 있다고 말합니다. 그래서 프롤레타리아들이 계급투쟁을 통해서 착취구조를 전복시키면 악이 사라지고 공산사회의 이상이 성취된다고 주장합니다.

모두 옳습니다. 아니, 옳지 않다고 말할 수 없습니다. 그럴 수 있기 때문입니다. '그렇다'가 아니라 '그럴 수도 있다'는 것입니다. 이 세계의 문제는 어느 하나의 원인에 의해서 모든 현상이 결정되는 게 아니라, 여러 가지 이유로 인해 나타나는 문제이기 때문입니다. 그런 측면에서 20세기의 심리학은 새로운 차원에서 인간의 문제를 조명한, 종교적 기능을 가진 학문입니다. 문화인류학과 사회심리학, 신화학, 문학 같은 장르의 학문은 인간을 이해하기 위한 탁월한 기재들입니다.

미국의 문화인류학자 어니스트 베커(Ernest Becker)는 사회에 만연한 악의 문제를 인간의 본성에서 찾습니다. 그는 『악에서 벗어나기』에서 인간이 죽음에 대한 불안 때문에 영원을 향한 갈망을 갖게 된다고 합니다. 그리고 그것은 다양한 형태의 폭력으로 나타난다고 말합니다. 한 나라의 국가 체계, 이데올로기, 영웅 서사, 문화 현상 같은 것들이 다 그러한 인간의 본성에서 온 것이라는 것입니다. 인간은 유일하게 자기의 죽음을 인식하는 동물이기 때문입니다.

뾰족하고 날카로운 모서리가 많아 맨손으로 만지면 찔리고 상처 입을 수 있는 인간, 그 인간을 가슴으로 끌어안고 피 흘리며 끝까지 사랑한 신(神)이 우리 안에 있습니다. 우리는 그를 예수라 부릅니다. 그는 사랑으로 상처 입은 신입니다. 인간이 얼마나 아픈 존재인지, 그 인간을 사랑하는 일이 얼마나 아픈 일인지 보여 준, 인간의 모습을 한 신입니다.

인간을 사랑하는 게 가장 아픕니다. 그런데도 인간을 사랑하는 신이 있다는 사실을 기독교는 증언합니다. 사랑은 아픕니다. 사랑할 때 가장 아픕니다. 그래도 사랑해야 하는 게 인간의 숙명이라면, 사랑하라고 예수는 우리에게 말합니다.

사랑의 아픔을 노래한 보니 타일러의 거친 떨림 음에서 예수의 심장 소리가 느껴지는 것은 그 때문입니다.

4부

삶은 어떤 맛인가?

가해자의 구원의식

 기독교인이 영화를 만들면 참 재미가 없습니다. 사회주의자들이 영화와 예술을 공산주의 선전 수단으로 삼았던 것처럼, 기독교의 (교리적) 복음을 설파해야 한다는 강박으로 영화가 만들어지기 때문입니다. 대부분의 기독교 영화는 '대한늬우스' 수준의 국뽕급 종교 영화들입니다. 영화의 예술적 가치를 버리고 신앙 간증 수준에서 자기들만의 독백으로 끝납니다. 기독교 단체나 열렬한 기독교 신자가 만든 영화가 재미도 감동도 없는 이유입니다. 뻔하기 때문입니다. 그런 가운데서도 넷플릭스에서 상영된 <기도하는 남자>는 메시지가 유실된 듯한 결말에도 불구하고 교회와 목회자의 모습을 사실적으로 그리고 있다는 점에 주목할 만합니다.

 넷플릭스에서 드라마 시리즈로 제작된 <마스크 걸>도 주목할 만합니다. 여러 가지 영화 장르가 복합적으로 짜깁기된 느낌은 있지만 매우 탄탄한 구성으로 잘 만들어진 시리즈물입니다. 이 드라마의 예술성이나 문학성, 연기, 미장센 같은 영화적 요소보다 영화에 비친 기독교 이미지를 객관적으로 볼 수 있기 때문입니다. 이 시대가 기독교를 어떤 시선으로 보고 있나, 이것이 영화에 기독교 이미지가 등장할 때마다 긴장하고 보는 부분입니다.

한국 영화에 최초로 기독교 이미지가 등장한 것은 신상옥 감독이 1961년에 제작한 <사랑방 손님과 어머니>입니다. 이 영화에서 주인공 옥희 엄마는 사별한 남편의 친구에게 흔들리지 않기 위해 주기도문을 반복하여 욉니다. 옥희 엄마가 주일날 예배에 참석하는 장면이나 그녀가 외는 주기도문을 통해 당대의 기독교는 자기 절제와 순결성, 그리고 정숙한 여인의 이미지를 갖습니다. 사회로부터 기독교가 순결성을 인정받는 시기였던 것입니다.

그런데 언젠가부터 영화에 등장하는 기독교는 부패의 온상이고 부조리에 대해 면죄부를 주는 집단으로 이미지화되기 시작했습니다. 1996년 유영진 감독이 조폭 두목 조양은 이야기를 각색한 영화 <보스>가 독고영재를 주인공으로 제작되었습니다. 이 영화에서 조양은은 감옥에서 신앙생활을 하게 되고 매우 신심 깊은 사람으로 출소합니다. 하지만 위기에 직면했을 때 그는 성경책으로 부하들의 뒤통수를 후려치며 조폭 두목의 본성을 드러냅니다. 위선적인 기독교인의 이중성과 폭력성이 그 한 신(scene)에 압축되어 있습니다.

2007년엔 이창동 감독의 <밀양>이 상영됐습니다. 영화는 절망한 인간의, 구원을 향한 절규를 다루고 있습니다. 무엇이 구원인가라는 종교적 화두를 던지는 게 아니라 구원이 어떻게 이데올로기가 되었는지, 그리고 그 이데올로기가 한 사람의 영혼을 어떻게 짓밟고 파괴하는지 해부학적으로 다룹니다.

2022년엔 넷플릭스에서 <수리남>이 방영됐습니다. 여기서 주인공 전요한 목사는 한국인 마약왕입니다. 온갖 범죄를 다 저지르는 그가 이미지와 신분을 세탁할 수 있는 좋은 방법이 목사가 되는 것이고, 교회를 통해 범죄 조직을 운영한다는 데서 우리 사회가 기독교를 범죄 조직처럼 바라보고 있다는 것을 알 수 있습니다. 또 <마스크 걸>에서도 살해당한 아들의 복수를 위해 증오와 복수의 칼날을 갈며 악행을 반복하는 김경자는 악행 중에 기도와 찬송, 신앙고백을 이어갑니다. 세속적인 악의 모습과 기독교 이미지가 한 사람을 통해 동시에 그려집니다. 아니 오히려 그녀의 기독교 신앙이 세속적 분노와 증오, 복수를 정당화해 주고 있습니다.

현대 대중영화에 비친 기독교는 더 이상 비세속적인 종교도 아니고 거룩하고 초월적인 종교 집단도 아닙니다. 오히려 비즈니스 집단이며 위선적이고 폭력적인 집단으로 묘사됩니다. 영화는 당대의 문제에 가장 민감하게 반응하는 예술 장르입니다. 영화에서 다루는 테마들, 그리고 그 테마를 다루는 소재들에서 기독교가 어떻게 비치고 있는가는 오늘의 기독교가 우리 사회에서 어떤 위치에 있는가를 객관적으로 보여 줍니다. 사회주의 리얼리즘으로 만든 국뽕급의 공산당 선전영화 같은 기독교 영화 말고, 대중영화에 기독교가 어떻게 반영되고 있는지 우리는 주의 깊게 봐야 합니다.

<밀양>에서 가해자 박도섭이 피해자(전도연)를 만나

"하나님을 믿고 구원받았습니다. 그리고 마음이 편해졌습니다."라고 말하는 대목이 나옵니다. 이 장면에서 관객이 느끼는 역겨움은 한국 개신교회에 느끼는 시민사회의 감정으로 치환됩니다. 타인에게 가해하거나 심지어 살인을 저질러도 예수만 믿으면 구원받는다는 그 구원론에 역겨움을 느끼게 되는 것입니다. 느글거리게 개기름이 흐르는 평안한 얼굴로 셀프 구원을 확증하는 가해자의 구원의식, 그것이 지금 한국교회를 향한 대중사회의 시선입니다.

일상으로서의 영성

한국 교회에 언젠가부터 영성 바람이 불기 시작했습니다. 이런 흐름은 포스트모더니즘의 흐름과 무관하지 않습니다. 포스트모더니즘의 교회 버전이 '영성'입니다. 물론 영성에 대한 담론과 그 흐름은 고대부터 있었고 중세를 지나 현대까지 이르렀지만, 특별히 요즘 들어 영성이 유행하게 된 것은 포스트모더니즘의 영향 때문이라고 볼 수 있습니다.

그런데 교회들이 바람을 일으키며 제시하는 영성 프로그램 중에 너무 속이 보이는 종교 상품들이 있습니다. 일례로 '감사 일기 쓰기'나 '24시간 예수님만 바라보기' 같은 것들이 교회에서 많은 인기를 얻은 적이 있습니다. 이것은 영성이 이 세계와 단절되어 골방에서 하나님과 개인적으로 관계 맺는 방식이라는 이해를 불러옵니다. 이것은 영성의 한 양태일 수는 있지만 전부일 수는 없습니다. 그런데 이런 부류의 영성이 마치 영성의 전부인 것처럼 호도되는 현상이 교회에서 일어나고 있는 것입니다. 영성이 실존과 현실의 삶으로부터 멀어진 초월적 감성이라고 가르치니 교회 사람들은 자꾸 동굴 속으로 들어가려 하는 것입니다. 이런 영성은 자기 욕망을 그럴듯하게 포장하여 자위 수단으로 삼는, 반사회적 종교 행위입니다.

이렇게 편향된 영성이 교회를 지배할 때 나타나는 것이 사회적 무관심입니다. 사랑이라고 말하지만, 그 사랑은 표면적이고 단편적인 이미지일 뿐입니다. 고통받는 이웃에게 구제하는 것이 사랑의 전부라고 생각하는 것입니다. 하지만 진정한 사랑은 그들이 고통받는 원인이 무엇인지, 그것이 경제적 불평등 때문인지, 사회구조의 모순 때문인지, 아니면 위정자의 정치적 무능이나 타락 때문인지를 보아야 합니다. 가난과 압제와 고통의 근원을 향해 하나님의 정의로 나아가 싸우는 것이 사랑의 구체적인 방법입니다. 그것은 개인 차원에서 하나님과 소통하며 이루어가야 할 영성을 넘어선 사회적 영성입니다.

영성은 가끔 가슴에 불이 일어나기도 합니다. 하나님의 정의가 숯불처럼 가슴에 담긴 사람에게는 뜨거운 분노가 일어 가슴을 태우기도 합니다. 타자에 대한 인간적 열망이야말로 하나님께서 시대마다 선지자들을 통해 보여 주신 사랑입니다. 그러므로 불의한 사회와 권력에 눈감고 분노할 줄 모르는, 골방의 영성은 위선의 가면을 쓰게 됩니다. 만약 그것만이 영성이라고 주장한다면 성경의 모든 예언서는 폐기되어야 합니다. 하나님의 이름으로, 하나님의 말씀으로, 하나님의 정의(공의)로 시대마다 부패하고 타락한 왕권과 부패한 종교 지도자에게 분노하고 저주했던 그 선지자들의 외침은 거부되어야 합니다.

왜곡된 영성은 예수님의 이미지를 크게 왜곡시키고 말았습니다. 한때 교회에 불어닥친 조엘 오스틴(Joel Osteen)의 '긍정의 힘' 바람에 예수가 긍정의 아이콘이 돼 버린 적도 있습니다. 분노할 줄도 모르고 어떤 상황에서도 기쁨과 감사와 긍정으로 공생애를 보내며 복음을 선포한 마음씨 착한 순둥이로 만들어 버린 것입니다. 예수님에겐 분명 거짓과 탐욕, 위선적인 종교에 대한 분노가 있었습니다. 그들을 용서하지 않았습니다. 하나님의 성전을 장사꾼의 소굴로 만든 상업화된 종교를 향해 채찍을 휘두르고 상을 뒤엎었습니다. 그것이 예수의 영성이었습니다. 그것이 예수의 사랑이었습니다.

영성이란, 나와 세계와 이웃들에 대한 애정과 책임을 동반한 인격적 관계에서 나오는 삶의 파장입니다. 자연과 교통하고 이웃과 소통하며 내 삶의 과정에서 관계 맺고 있는 모든 것들을 소중하게 생각하는 것, 우주 만물 가운데 내주하시는 하나님의 깊은 울림을 내적으로 감지하는 것, 이것이 영성입니다.

지금 우리에게 요구되는 것은 '종교 이벤트로써의 영성 퍼포먼스'가 아니라 '일상에서의 영성'입니다. 그래서 난 일상에서 읊조릴 수 있는 작은 고백들을 시로 만들어 곡조 있는 고백을 나누기 위해 노력합니다. 예를 들어 일상적으로 반복되는 식사 시간에 노동과 자연, 생명과 평화, 연대와 공동체, 헌신과 감사 같은 것들을 시로 만들어 읊조리는 것입니다.

이 밥 지은 이에게 축복을
이 쌀 농사한 이에게 축복을
이 식탁 위 모든 생명에게 감사를
모든 것 주신 하나님께 감사를
이 밥 나누는 우리에게 평화를
이 밥 없는 형제에게 밥을
나 또한 뭇 생명에게 생명 되기를

하루 세끼 식탁에 앉아 우주와 인간과 세계와 하나님은 연결하여 묵상하는 것만으로도, 아니 입으로 읊조리는 것만으로도 깊은 영성에 도달할 수 있다는 사실을 나는 경험적으로 알게 됐습니다. 식탁 유리 밑에 이 시를 넣어 두고 식사 전에 깊이 음미하며 읊조릴 때, 우주와 세계가 내 안으로 들어오고 내가 우주와 하나님과 세계로 확장되는 것을 경험합니다. 우리는 특별한 이벤트가 아니더라도, 눈을 감고 통성으로 뜨겁게 기도하지 않더라도, 특별한 기도의 장소에 가거나 거창한 명상의 자세를 취하지 않더라도, 순간순간 짧은 묵상이나 읊조리는 기도문만으로도 깊은 영성을 맛볼 수 있습니다.

영성은 누군가에게 배우는 게 아니라 지금 여기에서 하나님과 우주와 자연, 그리고 세계 내 실존하는 이웃과 교감하고 소통하는 삶의 양식입니다. 숨 쉬듯이 편하게 하면 됩니다. 이 쉽고 편한 걸 왜 어렵게 배우고 있는지 모르겠습니다.

예수의 이름으로 상품을 팔아야 하는, 누군가의 비즈니스 때문은 아닌지 생각해 봅니다.

그대의 깡통이 있는 곳에 그대의 마음이 있다

나의 유년을 포동포동 살찌게 한 것은 남양분유 빈 깡통이었습니다. 당시에 남양분유는 있는 집 자식들이나 먹던 유아식이었습니다. 남양분유는 엄마의 몸에서 흘러나오는 하얀 수액을 받아먹던 우리네 가난뱅이와는 다른 종족의 식단이었던 게지요. 그래서 1970년대 초에 국민학교를 다닌 또래들은 남양분유 빈 깡통만 손에 넣어도 신세계를 경험할 수 있었습니다. 잘생긴 우량아 사진이 그려진 깡통 외피와 맑고 깨끗한 은빛을 내는 깡통 속은 유년의 내밀한 마음을 담아 두기에 안성맞춤이었습니다. 너무 넓지도 않고 너무 깊지도 않아 슬프거나 외로울 때 나 혼자 들어앉아 숨기에 딱 좋은 곳이었습니다. 내 유년은 빈 깡통 안에서 자랐습니다.

'다마'라고 불렀습니다, 자유롭게 굴러가다 부딪치고 멈추는 역학(力學) 장치를. 그것의 순수한 우리말이 '구슬'이라는 것을 나중에야 알았습니다. 한국인으로 살면서도 일본어의 영향 아래 있을 만큼 오래된 이야기가 되고 말았습니다. 구슬 따먹기를 '다마치기'라고 했습니다. 다마치기는 보통 벽치기, 구멍치기, 홀짝이나 쌈치기(아찌 두비 쌈)으로 행해졌습니다. 벽치기나 구멍치기는 기술이 필요한 놀이였습니다. 난 손재주가 없고 신체 감각이 둔한 편이었습니다. 그 대신 직관이 발달하고 눈치가 빨랐습니다. 그래서 될 수 있으면 벽치기나 구멍치기같이 기술을 요하는 놀이는 피하고 쌈치기를 해서 재산을 불렸습니다.

나의 유리구슬 재테크는 쌈치기를 통해 성공하였습니다. 남양분유 빈 깡통을 유리구슬로 가득 채우던 날의 기분을 난 아직도 기억합니다. 아무도 없는 빈방에서 깡통을 열면 유리알들이 맑은 눈빛으로 반짝반짝 빛나며 나를 응시했습니다. 또 그것들을 이불 위에 쏟아 놓으면 맑고 투명한, 그리고 포동포동한 아기의 몸을 뽀득뽀득 씻기는 소리가 났습니다.

하지만 시간이 지날수록 그 보물상자 때문에 불안이 찾아왔습니다. 다마치기를 했다가 잃게 되면 깡통에 가득한 재산이 줄어들지도 모른다는 불안감이 찾아온 것입니다. 깡통을 가득 채운 그 충만감에 상처가 날 것 같은 두려움 때문에 더는 다마치기를 하고 싶지 않았습니다. 시간이 지날수록 불안은 더 커졌습니다. 장롱 속에 숨겨 둔 그 깡통을 쥐방울만한 동생들이 몇 개씩 슬쩍 가져가지 않을까, 옷을 꺼내는 엄마의 눈에 띄어 '쓸데없는 짓 하지 말고 공부하라'는 지청구나 듣지 않을까, 하는 두려움이 찾아왔습니다. 이리저리 자리를 옮겨 가며 숨겨 놔도 마찬가지였습니다. 심지어 외양간 처마에도 올려놓았습니다. 하지만 암소의 목에 걸린 방울 소리가 잠결에 들려올 때마다 구슬 상자가 쏟아지는 환영에 시달려야 했습니다. 다락 구석에 처박아 놓았지만 밤새 천장에서 이어달리기하며 찍찍거리는 쥐들 때문에 불안했습니다. 이것들이 작당하고 구슬을 다 갉아 먹는 게 아닌가, 하는 두려움이 밤새 나를 괴롭혔습니다. 뒤꼍 은밀한 곳에 땅을 파고 묻어 보았지만 지렁이나 노래기 같은 것들이 깡통 속에 기어들어 유리구슬 사이사이에 우글거리는 게 상상되었습니다. 내 보물상자가 옮겨 가는 곳마다 내 마음과 생각이 따라다녔습니다.

예수님은 이렇게 말씀하셨습니다. "네 보물이 있는 곳에 네 마음도 있느니라." 마음이 있는 곳에 보물이 있다고 말하는 게 아니라, 보물이 있는 곳에 마음이 있다고 말합니다. 생각이 사물을 지배하는 게 아니라, 사물에 의해 생각이 지배당하게 된다는 뜻입니다. 무엇에 의미와 가치를 두고 바라보느냐에 따라 삶의 방향이 달라질 수 있습니다. 재물이 삶의 목적이 되면 생명을 잃게 됩니다. 그러지 말라는 것입니다. 재물은 생존을 위한 수단이지 그 자체가 목적이 되어선 안 됩니다. 재물을 땅에 쌓아 놓지 말고 하늘에 쌓으라는 말은 교회에 헌금을 많이 하면 축복받는다는 말이 아닙니다. 관점을 바꾸라는 말입니다. 재물에 대한 관점을 '하늘'로 상징되는 근원적인 세계, 우리 생명의 근원이신 하나님을 향하라는 것입니다. 이것이 '성한 눈'입니다. 헬라어 성서의 '성하다'는 단어는 하플루스(ἁπλοῦς)입니다. '순진한', '천진난만한', '단순한' 등의 뜻을 가진 형용사입니다. 하나님 나라는 단순한 마음으로 천진난만하게 바라볼 때 열린다는 것입니다. 마태복음 6장 22절 "눈이 성하면 온몸이 밝을 것"이라는 말은 그로써 삶이 건강하고 행복해질 것이라는 뜻입니다. 그 세계를 바라보라는 게 예수의 가르침입니다. 눈이 나빠서 그 세계를 보지 못하면 재물만을 보게 되고 재물을 목적으로 하는 삶은 파멸에 이른다는 뜻입니다.

신앙은 성한 눈을 가지는 것입니다. 재물을 얻게 해 달라고 기도하는 것이 아니라 재물이 없어도 행복한 눈을 갖게 해 달라고 기도하라는 것이 예수의 가르침입니다. 그 눈을 갖는 게 지혜이고 그것이 신앙이라고 가르칩니다. 하늘(하나님의 뜻)을 보물로 알고 그것을 바라볼 수 있는 지혜로운 눈을 가질 때 삶의 외적 조건과 무관하게 우리는 행복해질 수 있습니다. 그때 비로소 우리는 가지지 못해도 존재의 기쁨과 생명의 기운으로 충만해질 수 있습니다. 이 기쁨과 생명이 우리 안에 충만해 있는가? 그것이 없다면 우리는 지금 거짓말을 하는 것입니다. 하나님 안 믿으면서 하나님 믿는 척하는 것입니다.

마태복음 6장 19~24절 본문은 재물을 하나님께 바치라는 뜻이 아니라 너의 관점을 바꾸라는 뜻입니다. 신앙은 관점을 바꾸는 일입니다. 그리고 바뀐 관점에 따라 이 땅의 생명까지 과감하게 던질 수 있는 게 하나님을 믿는 자세입니다. 관점도 안 바뀌었는데 목숨은 어떻게 던질 수 있습니까? 예수 믿기가 그렇게 쉽진 않습니다.

"너희를 위하여 보물을 땅에 쌓아 두지 말라. 거기는 좀과 동록이 해하며 도둑이 구멍을 뚫고 도둑질하느니라. 오직 너희를 위하여 보물을 하늘에 쌓아 두라. 거기는 좀이나 동록이 해하지 못하며 도둑이 구멍을 뚫지도 못하고 도둑질도 못하느니라. 네 보물 있는 그곳에는 네 마음도 있느니라. 눈은 몸의 등불이니 그러므로 네 눈이 성하면 온몸이 밝을 것이요 눈이 나쁘면 온몸이 어두울 것이니 그러므로 네게 있는 빛이 어두우면 그 어둠이 얼마나 더하겠느냐. 한 사람이 두 주인을 섬기지 못할 것이니 혹 이를 미워하고 저를 사랑하거나 혹 이를 중히 여기고 저를 경히 여김이라. 너희가 하나님과 재물을 겸하여 섬기지 못하느니라."(마태복음 6:19~24)

열네 살, 나는 절름발이였다

　　열네 살 때였습니다. 사지 멀쩡한 내가 절름발이 행세를 한 것은.

　　장마철이 되면 묵은 보리가 눅눅해지면서 벌레가 끼기 시작합니다. 그때는 교인들이 주일에 성미를 가져올 때 대부분 보리쌀을 가져왔습니다. 쌀밥 먹는 집이 그리 흔치 않았던 게지요. 그런데 교인 중에 묵은 보리쌀을 가져오는 이가 더러 있었습니다. 습이 차고 골마지가 생긴 묵은 보리쌀과 햇보리쌀이 섞이면 다른 보리쌀에도 냄새가 전이됩니다. 특히 장마철엔 보리가 눅눅하고 냄새가 더 심하게 납니다. 이것으로 밥을 지으면 역한 냄새가 나고 떡이 져서 비위 약한 사람은 밥술 들기가 어려울 정도입니다.

　　어머니는 교회에서 이 보리쌀을 가져왔습니다. 가난한 우리 집을 배려해서 사모님이 양식을 나누어 주신 것이라고 어머니는 말했습니다. 나중에 안 사실이지만 어머니는 그 보리쌀을 가져오는 대가로 사모님에게 얼마간의 쌀값을 주었습니다. 냄새나는 묵은 보리쌀을 돈 주고 사 먹으며 목사님께는 쌀값을 준 것입니다. 목회하기도 힘든데 냄새나는 보리밥을 어찌 드시게 하겠냐는 것이 어머니의 생각이었던 것입니다.

어머니는 으레 나를 시켜 교회에서 보리쌀 자루를 가져오라 했습니다. 그것은 아주 비밀스러운 일이었습니다. 그래서 어두컴컴해질 때야 그 비밀 임무를 수행해야 했고, 인적이 드문 좁은 골목길을 택해 걸어야 했습니다. 그런데 그 골목길 어중간에 장로님 집이 있었습니다. 내 나이 또래의 은행나무가 있는 그 집 대문 앞을 지날 때, 혹시 장로님과 마주칠까 봐 나는 교복 모자를 푹 눌러쓰고 절름발이 걸음을 걸었습니다. 혹시 장로님과 마주치더라도 나를 알아보지 못하도록 장애인 시늉을 한 것입니다.

내가 장애인 시늉을 해서 가져온 묵은 보리밥을 해 먹는 어간에는 밥상머리에 앉을 때마다 개떡처럼 굳어 있는 아버지의 얼굴을 보아야 했습니다. 내 돈 주고 왜 이런 밥을 먹어야 하느냐는 무언의 항의였던 겁니다. 하지만 아버지는 표정으로 말할 뿐 입 밖으로 그걸 내뱉지는 않았습니다. 설사 아버지가 입으로 그걸 내뱉어 무어라 힐지라도 어머니는 꿈쩍하지 않겠다는 다부진 각오를 한 듯했습니다. 그 지루한 여름 장마를 아버지와 어머니는 그렇게 건넜습니다.

장마철의 어두운 길을 질퍽거리며 절름발이 걸음을 걸을 때, 어깨에 둘러멘 자루에서 스멀스멀 기어 나오던 묵은 보리 냄새는 삼복더위에 사나흘 씻지 않은 겨드랑이 냄새보다 고약했습니다. 장맛비가 내리는 한여름에 창밖의 비를 바라볼 때면 묵은 보리쌀 냄새가 내 무의식에서 스멀스멀 기어 나옵니다. 그런데 그 냄새가 이젠 역겹거나 싫지만은 않습니다.

어머니의 그런 신앙이 싫어 교회와 목회자에게 환멸을 가졌던 시절이 있었지만, 지금은 그것이 아름답게 다가옵니다. 묵은 보리쌀을 못 먹는 도시 태생의 젊은 목사에게 쌀을 사 주고 그것을 대신 먹을 수 있었던, 한 여인의 믿음의 순정이 프리지어 꽃다발처럼 아름답습니다. 불편한 밥상머리에서도 채신머리없이 그것을 입에 담지 않고 밥술을 넘긴 아버지의 그 침묵이 고목(古木)의 뿌리처럼 깊습니다.

모든 걸 산술적으로 차갑게 계산하는 시대, 자기 이익이라면 야수처럼 달려들고 과도한 자기애에 빠진 이 시대, 모자란 삶을 살아온 당신들의 인생이 귀하게 다가옵니다. 도시에서 나고 자란 젊은 목사가 묵은 보리쌀을 못 먹는 것도 이젠 이해가 되고 그것을 안타깝게 여겨 묵은 보리를 묵묵히 대신 먹어 준 당신들의 모습도 아름답습니다.

분노하지 않는 사랑은 사랑이 아니다

벨기에의 초현실주의 화가 르네 마그리트는 파이프의 이미지를 세밀하게 그립니다. 그리고 그 그림의 제목을 '이것은 파이프가 아니다(Ceci n′est pas une pipe)'라고 붙입니다. 사람들은 처음 그 그림을 대하며 많이 당황했습니다. 그림의 의미를 찾으려 노력했습니다. 파이프에 대한 사실적 묘사에 붙인 제목이 '이것은 파이프가 아니다'라니. 푸코(Paul-Michel Foucault)는 다른 이들보다 먼저 마그리트의 심미안을 꿰뚫어 보았습니다. 이미지가 가지고 있는 속임수, 마그리트의 내면에서 일어난 성찰의 파장을 읽은 것입니다. 파이프 그림은 그것에 대한 언급일 뿐, 실제가 아니란 것입니다.

교회에는 예수 이미지가 넘쳐 납니다. 하지만 그 이미지는 대부분이 앵글로색슨 계통의 백인 미남 청년으로 묘사됩니다. 백인들에 의해 예수가 독점되고 전파됐기 때문입니다. 상품화된 예수의 이미지에는 고대 근동의 시골 노동자 출신 젊은이의 실제가 없습니다. 우리의 뇌리에 박힌 예수의 모습은 실제의 예수가 아닙니다. 이미지를 생산하고 유통해 온 종교 상품일 뿐입니다. 우리가 사랑한다고 고백하는 예수, 우리의 구원자 되시는 예수, 하나님의 아들 예수, 우리를 축복해 주시는 예수, 이런 예수는 이천 년 전 팔레스타인 땅에서 가난과 노동에 찌들어 피부가 시커멓게 타고 얼굴 주름이 깊은 예수가 아닙니다. 가난한 자들에게 부과되는 고율의 세금과 정치적 억압에 가슴 아파하고 분노하던 예수가 아닙니다. 타락한 종교인들의 밥상을 뒤집어엎던 예수가 아닙니다. 정의도, 거룩한 분노도, 가난한 자들에 대한 가슴 저린 연민과 사랑도 다 거세된, 유순하기 그지없는, 순한 양 예수입니다. 마그리트식으로 말하면, 이것은 예수가 아닙니다.

사랑은 솜사탕처럼 달콤하고 마시멜로처럼 말랑말랑하고 엄마의 가슴처럼 따뜻한 정감으로 이루어진 심리적 쿠션이 아닙니다. 사랑은 힘이고 능력입니다. 사랑하는 사람에게 가해지는 폭력을 두고 볼 수 없어, 주먹 불끈 쥐고 두 눈을 똑바로 치켜뜨고 노려보는 자세입니다. 사랑하는 사람에게 달려드는 나쁜 놈에게 선빵을 날리는 것이 사랑입니다. 사랑하는 사람에게 조롱과 저주를 퍼붓는 자에게 안전핀을 뽑아 힘차게 투척하는 정의의 외침이 사랑입니다. "야, 이 개자식들아!"라고 저주의 욕설을 퍼부으며 예수는 우리를 그렇게 사랑하지 않았던가요? 사랑은 자기 이익을 위해 거짓말을 서슴없이 내뱉고 상대에게 저주를 퍼부으며 근거 없는 비난과 조롱으로 일관하는 못된 정치인에 대한 정당한 힘의 행사입니다. 그 사랑의 최대 정점은 우리의 자식입니다. 지금 나쁜 놈들을 가만히 놔두면 우리 자식들이 저주받고 조롱당하며 빼앗기고 두들겨 맞게 됩니다.

분노하지 않는 사랑은 사랑이 아닙니다.

나는 술집에서 성경을 터득했다

그때 나는 술집에 있었습니다. 교회를 안 다니던 20대의 대부분을 막걸리집에서 보냈습니다. 돌아보면 참 잘한 일입니다. 인생의 가장 중요한 시기에 교회를 안 다닌 것은. 내 인생의 중요한 영양분은 대부분 술집에서 공급받았기 때문입니다. 교회 안에서만 머물러 있었다면 나는 옹졸하고 편협한 신앙인이 되었을 것입니다. 하나님은 나의 20대를 술집에 처박아 놓고 발효시켰습니다.

가난한 문학청년들의 술판은 막걸리 한 사발에 열무김치 한 접시, 잘해야 계란 프라이 한 개 정도가 기본이었습니다. 주머니 사정을 초과할 때를 대비해서 외상술을 마다하지 않는 금산문화원 옆 '두언니집(두과부집)'을 자주 드나들었습니다. 오래되고 낡은 송판때기 장의자를 끌어당길 때마다 비명을 지르는 바람에 대부분 서서 먹어야 했던 스탠드바였습니다. 방금 엄마의 젖꼭지를 뱉어 내어 입가에 젖을 묻힌 아기처럼 우리는 입가에 막걸리를 질질 흘려 넣으며 질펀한 농담조로 이야기를 시작했습니다. 이야기가 숙성되고 농익는 과정과 막걸리의 발효 과정은 쌍둥이처럼 닮았습니다. 그런 점에서 막걸리는 이야기하는 술입니다. 술이 사람에게 말을 걸어온다면 그것은 막걸리일 것입니다.

돌아보면 유치하고 객쩍은 잡담들이 대부분이었습니다. 우리는 잡담의 형식으로 문학과 철학과 역사를 논하고, 신화와 전설, 우주와 존재를 들었다 놨다 했습니다. 무얼 알아서 떠든 게 아니라 서로 몰랐기 때문에 말이 많았던 것입니다. 책 몇 권 읽고 쥐꼬리만 한 지식이라도 생기면 그걸 표시 나지 않게 포장하여 서로에게 잘 소화될 수 있도록 막걸리에 휘휘 저어 따라 주곤 했습니다. 그러면 나는 말의 맥락 속에 숨어 있는 것을 찾아내어 기어이 그 책을 사서 읽고야 말았습니다. 김수영, 바슐라르, 백석, 이용악으로 막걸릿잔을 채우고, 수운과 김대중과 누벨바그와 수양대군과 단종의 죽음, 정여립과 프로이트와 융, 비틀즈와 퀸을 열무김치와 함께 씹었습니다.

술이 익어가듯 말이 익어가고 생각이 숙성되는 과정이었습니다. 때로는 술에 취해 말들이 얽히고 논리가 뒤죽박죽 될 때도 있었지만 그것도 발효 과정 중 하나였습니다. 막걸릿집에서의 20대는 지식이 생긴 때가 아니라 세계와 인간과 사물을 보는 눈이 열린 때였습니다. 역사와 현실을 보는 눈이 이때 열렸습니다. 인간의 근원에 대한 탐구가 시작된 때였습니다. 소설을 본격적으로 읽고 이해하기 시작한 때였습니다. 본격적으로 시를 쓰기 시작한 때였습니다. 인간에 대한 이해의 눈이 뜨이기 시작한 때가 이때였습니다.

이 과정을 거치며 눈이 열리고 생각이 숙성되기 시작했

습니다. 그때 비로소 성경이 보이기 시작했습니다. 모태신앙으로 자란 내가 교회에서 듣고 자란 성경은 매우 경직된 교리적 문자들이었습니다. 하지만 내 20대 때 교회를 떠나서 술집에서 접한 인문학적 이해와 통찰들은 성경을 읽는 눈을 새롭게 열어 주었습니다. 누군가에게 학습 받지 아니한 성경, 중독되지 아니한 하나님, 그것은 막걸릿잔 안에서 발효되고 숙성되어 내 생각을 관류하였습니다. 그리고 내 신앙의 유역을 유유히 흐르는 대하장강(大河長江)이 되었습니다.

비가 내리고 우중충한 날은 그때의 막걸리집이 생각납니다. 열변을 토하던 뜨거운 문학청년이었던 형들이 생각납니다. 지금 틀니를 하고 고혈압과 당뇨 때문에, 그리고 늙은 마누라 잔소리가 무서워서 막걸리 한 잔도 함부로 못 마시는 늙은이들이 되었지만, 내 젊음의 동지들은 나를 성숙시켜 준 효모들이었습니다. 뜨거운 청춘이 머물던 그 자리가 비 오는 날은 그리워집니다.

내 눈을 뜨이게 한 것은 교회가 아니라 막걸리집이었습니다.

겨울 우화-영원한 시간 속으로

　세상 두려울 게 없었습니다. 자고 나면 아침마다 팔뚝만 하게 자라는 처마의 고드름처럼 시간은 매일 새롭게 자랐습니다. 내일 아침엔 내일의 고드름이 자라서 우리의 아침을 맞아 주었습니다. 시간의 고드름을 뚝뚝 분질러 우두득우두득 깨물어 먹기만 하면 됐습니다. 그러니 내일에 대한 걱정일랑 하지 않아도 됐습니다. 내일 무엇을 먹을까, 무엇을 마실까, 무엇을 입을까 따위의 걱정은 아버지들이나 하는 것이었습니다. 아이들은 내일의 일들에 대해 걱정하지 않아도 됐습니다. 그것이 우리 생애 최고의 무기였고 미학이었습니다. 두려움 없이 산다는 것 말입니다.

　TV 따위는 없었습니다. 휴대폰이나 컴퓨터 따위도 없었습니다. 커다란 괘종시계가 매시 정각을 알리는 소리를 냈지만, 그 소리는 우리에게 무언가를 시간에 맞추어서 하지 않으면 안 된다는 강박을 주지 않았습니다. 그것은 오히려 산사(山寺)에서 울리는 범종처럼 동그란 파문을 그리며 마음 깊이 번져 나갈 뿐이었습니다. 그 파장이 끝나고 나면 다른 시간의 파장이 몰려왔습니다. 우리는 그 시간의 파동을 타고 노는 데 천재적인 기질을 갖고 태어났습니다.

손발이 오그라들 정도로 추운 날에도 온 세상을 다 덮어 버릴 것처럼 눈송이가 쏟아지는 벌판을 우린 달렸습니다. 우리의 몸 안에는 사냥꾼이나 전사(戰士)의 유전자가 탑재되어 있었습니다. 우리는 들과 산으로 몸을 날려야 하는 자유로운 영혼들이었습니다, 우리는. 방구석에 깊이 박혀 손가락으로 휴대폰이나 틱톡거리는 일로 영혼을 묶어둘 수 없었습니다. 우리의 유전자는 문명보다 강하고 위대했습니다.

겨울이면 약속이나 한 듯이 논바닥과 냇물은 얼어붙었습니다. 그 빙판 위를 시간보다 빠른 속도로 달리는 일이 전사(戰士)의 유업인 양 우리는 모든 것을 걸었습니다. 말을 달리는 인디언처럼 우리는 환호하며 빙판 위를 달려, 알 수 없는 시간의 지평으로 날아갔습니다. 하지만 그것은 예측 불가능한 미래에 대한 문명사회의 불안한 시간이 아니라, 알 수 없는 것에 대한 동경과 신비감으로 충만한 시간이었습니다. 우리의 시간은 존재를 불안에 떨게 하거나 미련하게 만들지 않았습니다. 알 수 없음은 불안의 요소가 아니라 신비로 충만한, 시간의 심연에서 오는 영감이었습니다.

우리가 알아서 밥을 먹으러 집으로 기어들기 전까지 그 누구도 밥을 왜 안 먹느냐고 탓하지 않았습니다. 왜 공부하지 않느냐고 나무라지 않았습니다. 밥 따위를 먹고 안 먹고는 우리의 자유의지에 달려 있었습니다. 공부 따위가 우리의 영혼을 구속할 수 없었습니다. 오히려 밥 먹으라고, 공부하라고 고래고래 소리 지르는 엄마나 누이를 둔 아이들은 소심하고 쪼잔하기 그지없는 녀석으로 평가됐습니다. 그래서 시간에 맞추어 밥을 먹고 집에 가서 공부해야 한다는 강박을 가진 녀석들은 전사의 반열에 들지 못했습니다. 그들은 시간의 노예였습니다. 우리는 시간 앞에 한없이 자유롭고 대범했습니다.

소나무가 우거진 산비탈에 비료 포대를 깔고 바람처럼 내리 달렸습니다. 우리는 미치도록 날렵한 속도를 가지고 있었습니다. 그것은 바람보다 빠른 삶의 속도였습니다. 그 속도를 통해 산다는 것, 늙는다는 것, 죽어간다는 것의 시간성을 직관(直觀)할 수 있었습니다.

비료 포대가 삐뚤어지거나 뒤집어져서 어딘가에 불시착하는 사건이 일어나도 그건 불행한 일이 아니라 즐거움을 더하는 하나의 해프닝이었습니다. 해프닝이 크면 클수록 우리는 더 크게 웃을 수 있었습니다. 그것은 인생을 살면서 겪게 되는 불행한 일들에 대한 유비적 사건이었습니다. 그래서 자유와 풍요로 가득한 시간 속을 유영해 본 아이들이 성인이 됐을 때, 불행한 일을 만나도 그것을 해프닝으로 여기고 가볍게 넘길 수 있게 되는 것입니다.

우리의 시간은 맑은 물로 충만한 풀장처럼 마음 놓고 헤엄칠 수 있는 자유, 그 자체였습니다. 우리는 시간에 쫓겨 살지 않아도 됐습니다. 먹고 싶을 때 먹고, 자고 싶을 때 자고, 놀고 싶을 때 놀 수 있었습니다. 아무도 우리의 시간을 침범하지 않았습니다. 우리 시간의 풀장에 뱀을 풀어 놓지 않았습니다. 겨울방학은 우리를 얽매고 있던 학교로부터 해방되어 자유롭게 헤엄치는 우주였습니다.

    천국의 시간을 '영원(Eternity)'이라 한다면 그 천국에는 한량없는 시간이 출렁이고 있을 것입니다. 그 시간을 마음껏 퍼서 쓰더라도 줄어들지 않는다는 것, 이것이 천국의 시간이라면 천국의 다른 이름은 '영원'일 것입니다. 그러면 그 시간 속을 유영한 우리의 유년은 천국이었다고 말해도 되겠지요. 잠시나마 천국을 살아본 것이 내 생애에 얼마나 큰 위안이고 축복인지 이제야 돌아봅니다. 내가 돌아갈 천국이 있다면 아마도 그 시간의 풍성함 속에 내일의 걱정 없이 뛰놀던 때일 것입니다.

    예수님이 거닐었던 갈릴리는 천국의 시간으로 충만했습니다. 엄격한 제사의식도 없고 절차나 형식에 얽매이는 율법적인 삶도 없었습니다. 웃고 떠들며 먹고 마시는 일로 사람들과 뒹구는 것, 시간에 얽매이지 않고 유목민처럼 목적 없이 오늘은 이곳, 내일은 저곳을 유랑하며 삶을 즐기는 것, 시간의 자유로움과 풍성함, 이것이 예수의 하나님 나라였습니다. 그래서 예수는 이렇게 말씀하십니다.

    "내일 일을 위하여 염려하지 말라."(마태복음 6장 34절)

토끼에게 영혼을 허하라

"엄마, 토끼가 불쌍해."

"괜찮아, 동물들은 영혼이 없으니까."

사춘기의 예민한 감수성에 사로잡힌 나는 집에서 기르던 토끼를 잡아먹고 못내 마음이 아파 갈피를 못 잡고 있었습니다. 그러다 엄마에게 그 마음의 한 자락을 살짝 보여 주었습니다. 그런데 엄마는 한순간의 망설임도 없이 너무 단순하고 명쾌하게 그 문제에 답을 해 버렸습니다. '영혼이 없는 것들'은 하나님이 사람을 위해 주신 먹을거리일 뿐이니 죄책감 따윈 갖지 말라는 뜻이었습니다. 부드럽고 예쁜 털이 있고 따뜻한 체온과 심장이 박동하는 토끼, 나를 알아보고 반응하는 토끼, 그 토끼가 나를 위해 고깃덩어리로 존재할 뿐이라니. 그것은 엄마의 생각이 아니라 엄마를 가르친 교회의 생각이었습니다.

엄마의 말은 논리가 아니라 정서적으로 나에게 큰 충격을 주었습니다. 그리고 '영혼이 없는 토끼'는 내 머리가 커지고 생각이라는 걸 시작하면서 의문과 고통을 주었습니다. 영혼이 없으면 고통을 모르는가, 그러면 영혼은 무엇인가, 영혼이 없는 것들은 함부로 대해도 되는가, 등과 같은 질문이 거미 똥구멍처럼 그치지 않고 질문을 뽑아냈습니다. 신앙의 사춘기가 찾아왔을 때 이 질문들이 나를 교회 밖으로 밀어내는 데 적지 않은 영향을 주었습니다. 교회 밖으로 나갔을 때 비로소 그 질문의 답을 찾을 수 있었습니다. 교회 안에서는 답이 없었습니다.

엄마에게 예수의 이름으로 교회가 가르쳐 준 것은 예수의 가르침이 아니라 제도 종교로서의 서구 기독교의 교리이며 세계관이었다는 걸 아는 데 그리 오래 걸리지 않았습니다. 영혼과 육체, 신과 인간, 천국과 지옥, 남자와 여자 등으로 분리되고 질서 지워진 기독교의 세계관은 조선 오백 년 역사에서 사상을 통제하고 사람을 도구화시켰던 주자 성리학의 패러다임과 다르지 않았습니다. 교회를 다니는 게 죄를 더 많이 짓는 것 같아서 믿음 좋은 엄마의 가슴에 못을 박으면서까지 교회를 나가지 않았습니다. 그런데 불행하게도 나는 목사가 됐습니다.

불행 중 다행인 것은 나를 물들였던 서구 기독교의 색채가 조금씩 탈색되기 시작했다는 점입니다. 나를 붙잡고 놓아 주지 않던 문제들, 내가 붙들고 씨름하던 문제들이 동트는 아침처럼 어렴풋하게 밝아왔습니다. 밝은 아침에 목사가 된 것은 불행 중 다행입니다. 그런데 밝은 아침 같은 책을 만났습니다. 이정배 교수님의 『역사유비로서의 개벽신학 空·公·共』입니다. 책장을 넘기는데 입에서 단물이 고입니다. 내 젊은 시절에 몸부림쳤던 문제와 그 문제의 연원과 답변이 한 권의 책에 일목요연하게 정리됐습니다.

나의 엄마에게 '동물에겐 영혼이 없다'라고 가르쳤던 서구 기독교의 사상이 왜 잘못됐는지 저자는 가톨릭과 개신교의 신학 원리인 존재유비와 신앙유비에서 찾습니다. 이 두 신학 원리는 타자를 부정하고 배타적인 태도로 세계와 대립하는 것으로 기독교를 건설했던 것입니다. 서구 기독교는 세계를 치유하고 인간을 구원한다는 명분 아래 오히려 세계를 파괴하고 인간을 타락시키는 일을 해 왔습니다. 토끼에겐 영혼이 없으니 죄책감 없이 그를 살육하여 먹어도 된다는 우생학적 논리로 타자를 대했습니다.

저자는 이러한 서구 기독교를 전복시켜 건강하고 올바른 기독교를 만들고자 합니다. 그리하여 역사를 퇴행시킨 서구 기독교의 두 신학 원리, 즉 존재유비와 신앙유비에 대한 대안으로 역사유비를 주장합니다. 역사유비는 개벽적 기독교를 위한 새로운 신학입니다. 저자는 "실패했던 과거 역사를 현재로 소환하여 구원코자 했"던 발터 벤야민에게서 역사유비 신학의 단초를 봅니다. 그것은 "역사의 이면에서 비가시적으로 활동하는 하나님의 영"이 메시아로 도래하여 역사를 치유할 것이라고 믿는 것입니다. 이 맥락에서 신학자 이신의 기독교 묵시 사상과 초현실주의(슐리얼리즘)를 새롭게 인식합니다. 아무 관계가 없어 보이는 역사적 사건들에 관한 판단을 중지하고 현상학적인 방법으로 보자는 것입니다. 동일성이나 유사성이 없는 역사적 사건을 하나의 맥락으로 보고 의식의 흐름을 통해 유사성을 발견하는 것입니다.

저자는 개혁이 아니라 개벽이라는 말을 사용합니다. '개혁'이 현 상태를 발전시키기 위해 변화를 주는 것이라면 '개벽'은 천지개벽의 줄임말로 천지의 질서가 전환된다는, 전복의 뜻을 가졌습니다. 서구적 진보사상이 개혁을 시도했다면 우리의 혁명사상은 개벽을 시도했습니다. 그래서 저자는 우리 역사에 나타났던 개벽사상들과 원시기독교가 지향했던 가치를 유비적 관계로 봅니다. 이것이 배타주의를 극복하여 세계와 역사를 치유하고 독선과 분열증에 빠진 인간을 구원할 신학이라고 말합니다.

그리하여 저자는 동일 음가를 가진 세 개의 '공'을 라임(Rhyme)을 맞추어 점층적으로 발전시켜 논의를 확장합니다. '空'으로 있음을 전제로 하는 서구 기독교 신학과 세계관을 부정하고 동양적 세계관을 말함으로써 소유에 집착한 자본주의의 병폐를 치유할 수 있다고 합니다. 그리고 '公'으로는 사적 소유가 강화된 자본주의와 물신 사회에 빼앗긴 공유지를 회복하여 공공성을 강화하기 위해 요구되는 덕목을 실천할 수 있다고 말합니다. 마지막으로 '共'은 더불어 살기 위한 삶의 태도, 즉 소비를 최소화하여 그로 인해 공유(共有)의 사회를 만들자는 제안입니다.

이 주장들은 각기 다른 시대와 다른 나라에 활동했지만 동일한 세계관을 가진 사람과 사상들을 소환하여 역사유비로 설명합니다. '만물이 하늘을 모시고 있다(侍天主)'고 자각한 수운과 '없이 계시는 하나님'으로 기독교를 동양적 우주관으로 해석한 다석 유영모, '만물을 형제로 인식'하고 가난한 삶으로 세계를 치유하고자 했던 프란체스코, 이들 모두가 세계와 인간을 분리하지 않고 전일적(全一的)으로 보았습니다. 저자는 이들이 다른 시대와 지역에서 서로 다른 모습으로 살았지만 동일한 가치를 지향했다고 역설합니다. 역사 이면에 비가시적으로 활동하는 하나님의 영이 세계를 치유하고 회복시키고자 한다고 믿는 것입니다. 이들의 세계 인식이 곧 예수의 세계 인식이었으며 이들의 지향점이 곧 예수의 지향점이었다는 것을 확인합니다. 이것이 저자가 말하는 역사유비 신학입니다.

내 품에 안겨 따뜻한 체온을 전해 주던 토끼, 보드랍고 하얀 털을 어루만지면 빨간 눈으로 초롱초롱 나를 바라보던 토끼, 나를 위해 기꺼이 자기 몸을 내어준, 그 토끼 안에 이제 영혼을 허락해야 합니다. 토끼는 영혼 없는 고깃덩어리가 아니라 그 안에 하나님의 영이 있어 그 영이 나를 위해 대속적으로 자기 몸을 내어준 것이라고 말할 수 있어야 합니다. 그리고 나도 누군가를 위해서 대속적으로 내어줄 수 있어야 합니다. 이것이 저자가 말하는 개벽입니다.

성경만 보는 바보

　아브라함은 바다를 보았을까? 보았을 겁니다. 그의 고향 갈대아 우르는 페르시아만으로 흘러드는 유프라테스와 티그리스강이 만나는 삼각주였고, 메소포타미아 내륙으로 올라오는 해상 무역선들이 정박하는 항구였습니다. 페르시아만에 접해 있는 모래사막과 바다가 만나는 해변은 아브라함이 걸어서 갈 수 있는 거리였습니다. 아브라함은 바닷가의 모래를 자주 보았을 것입니다. 그리고 그가 고향을 떠나 사막을 유랑할 때는 근대적인 문명은 아직 눈도 뜨지 않았습니다. 한낮의 뜨거운 열기가 끝나면 밤중엔 칠흑 같은 어둠과 고요 속에 별빛만 볼 수 있었지요. 아브라함에게 모래와 별은 그가 경험한 미시세계와 거시세계의 두 축이었습니다.
　창세기에서 하나님이 아브라함을 축복하는 대목에서 "네 씨가 크게 번성하여 하늘의 별과 같고 바닷가의 모래와 같게 하겠다."라고 합니다. 하나님은 아브라함에게 줄 축복을 그가 경험한 가장 작은 알갱이들과 웅대한 우주의 파노라마를 연결하여 말합니다. 일차적인 의미로 보면 이 비유는 그 수의 많음을 뜻하는 것입니다. 하지만 고향을 떠나 새로운 세계를 향한 노정 가운데 있는 아브라함에게 그 비유는 또 다른 느낌을 줍니다. 하늘(우주)의 별들에서 지상의 모래까지 이 세계(우주)를 한 인식의 그물망으로 보게 합니다.

별과 모래는 셀 수 없는 수(數)를 상징하는 것들이지만 그 셀 수 없음은 인간의 이성이 헤아릴 수 없는 세계를 의미하기도 합니다. 끝을 헤아릴 수조차 없는 이 우주의 크기와 마주할 때 인간은 비극적 자기 인식에 처하게 됩니다. 존재의 왜소함과 광대무변한 우주 앞에 두려워지는 것입니다. 이런 두려움에 대해 칼 세이건은 그의 SF소설 『콘택트』에서 "우리처럼 작은 존재가 이 광대함을 견디는 방법은 오직 사랑뿐이다."라고 말합니다. 하나님은 아브라함에게 우주의 광대함과 바닷가의 모래 같은 무량(無量)함을 네 작은 이성(理性)의 눈으로 헤아릴 수 없다고 합니다. "셀 수 없는"이라는 수식절은 이성(理性)을 도구로 하거나 어떤 프레임으로 세계를 보지 말라는 뜻이 함의됩니다.

풀을 찾아 사막을 떼 지어 다니는 수천, 수만 마리의 양 떼들이 있었을 테지만 그것들은 사람의 인식체계와 이성의 도구로 셀 수 있고 제어할 수 있는 대상이었습니다. 그것들에 빗대지 않고 하늘의 별과 바닷가의 모래에 빗댄 것은, 헤아리며 계산하는 도구적 이성을 멀리하라는 뜻이 담겨 있던 것입니다. 사람이 가진 조악한 인식과 논리로 하나님을 헤아리고 판단할 수 없도록 아브라함의 정신 영역을 확장해 준 것입니다. 좁은 눈으로 하나님을 보지 말고 하늘의 별과 바닷가의 모래와 같이 무량(無量)한 하나님을 느끼라는 것입니다. '보는 것'이 인식의 창을 통해 측정하는 이성적 활동이라면 '느끼는 것'은 이성을 초월한 감각으로 하나님과 세계의 전일성(全一性)을 경험하는 일입니다.

어느 해 10월에 몽골에 갔습니다. 별을 찍으려고 작심하고 카메라 장비를 준비해 갔습니다. 산 위로 올라가 자정부터 새벽까지 셔터를 열어 놓고 별을 담았습니다. 영하의 날씨였지만 별들이 출렁이는 밤하늘을 바라보며 마음이 얼마나 따뜻했는지 모릅니다. 그런데 산 위쪽에서 황소만 한 야생 엘크가 거친 숨 소리 내며 내려왔습니다. 아무도 없는 칠흑 같은 고요 속에 야생동물의 접근은 공포였습니다. 하지만 별을 보는 마음으로 그 짐승을 향해 섰을 때 엘크의 눈에서 또 다른 두 개의 별을 보았습니다. 그 별과 나의 별은 한참 동안 마주 보았습니다. 서로 해하려는 마음이 없다는 것을 아는 데는 많은 시간이 필요치 않았습니다. 그의 거친 숨소리는 부드러워졌고 우리 사이에는 밤하늘의 별들로 충만했습니다.

진노하고 대결하는 하나님이 아니라 밤하늘의 별처럼, 바닷가의 모래알처럼 무량(無量)한 출렁임으로 세계를 감싸는 하나님을 보라고 아브라함에게 말씀합니다. 하나님 안에 존재의 기쁨이 충만함을 느끼라는 것입니다. 아브라함은 그 기쁨으로 죽음의 사막을 유랑할 수 있었습니다. 이 황량하고 거친 세상을 살아가는 그리스도인들이 하늘의 별과 바닷가의 모래를 보는 마음으로 하나님을 느끼게 되면, 존재의 기쁨이 세속의 압박을 이길 수 있게 됩니다. 그것이 구원입니다. 영혼 구원은 성서가 말하는 게 아니라 우리가 만든 종교적 신념입니다. 그래서 우리는 자주 별을 봐야 합니다. 우주에 충만한 하나님의 무량함을 느껴야 합니다.

    2024년도 가을에 노벨문학상을 받은 한강 작가의 삼촌 목사라는 이가 페이스북에 아주 긴 글을 장황하게 썼습니다. 그것은 한마디로 근본주의 기독교 세계관으로 작가와 작품, 그리고 역사적 사건들을 평가하며 가르치려 드는 글이었습니다. 그는 조카인 한강 작가의 작품에 대해 인상비평을 하며 기독교의 구원관을 들이댔습니다. 구원받지 못할 불쌍한 형님과 조카를 걱정하는 것이었습니다. 이 대목에서 숨이 턱 막혔습니다. 그가 가족 친지와 연이 끊어지고 단절된 이유가 그의 기독교적 구원관에 있음을 알 수 있었습니다. 그 구원 때문에 그는 형제와 친지로부터 단절되고 살았던 것이지요. 그런데 조카가 노벨문학상을 탔다 하니 불쑥 나타나서 공개서한을 보내 구원을 논합니다. 하나님을 '영혼 구원'이라는 교리의 프레임 안에서만 바라보니 무례한 태도가 나오는 것입니다.

    교회에서 성서만 보지 말고 밤하늘의 별을 좀 보았으면 좋겠습니다. 성서만 보면 바보가 되기 쉽습니다. 바보들은 자기만이 하나님을 독점적으로 소유하고 있다는 망상에 빠집니다. 그래서 하나님을 문자의 창살 안에 가두어 놓습니다. 하나님을 밤하늘의 별처럼 바라볼 때 오늘의 삶이 풍성해집니다.

국밥집에서 생긴 일

목사라서 죄송합니다

신탄진이라는 곳, 대전에 속해 있으면서 시 외곽에 있는 오래된 마을입니다. 밥때가 되면 아무 데나 불쑥 머리 디밀고 들어가는 버릇으로 들어간 곳이 신탄진 시장통 순대국밥집이었습니다. 순대국밥집에서 돼지국밥을 시켰습니다. 옆 테이블에서 이제 막 가을 추수가 끝난 들녘 같은 두 남자가 대낮부터 막걸릿잔을 기울이며 아직 기가 죽지 않은 열무김치를 아작아작 씹습니다.

"아유, 교회 댕기는 사람들, 재미읎어."
"그 사람들 도대체 생각이 읎는 거 같여."
"말이 안 통햐!"
"아예 말을 말어~"

이런 식의 대화가 오래 이어집니다. 나는 분위기를 살피다가 살포시 일어나 그들의 테이블로 다가가 정중하게 인사합니다.

"저, 실례가 안 된다면 제가 한 잔 따라드려도 될까요?"
"(당황한 눈빛으로 날 보다가 사람 좋은 얼굴로) 그, 그러시등가요."

남자가 한숨에 막걸리 사발을 뒤집고 나에게 건넵니다.

"뉘신지 모르지만 선상님도 한잔하시쥬."
"아닙니다, 차를 가지고 와서요."

나는 다른 남자의 노란 양재기에도 하얀 막걸리를 부어주고 내 자리로 돌아와 앉습니다. 말을 듣자 하니 고등학교 평교사로 정년퇴직을 한 이들이었고, 오늘은 자전거 동호회 모임을 끝낸 후였습니다. 그들의 대화는 교육문제, 정치문제, 종교문제 들을 돼지 창자에 구겨 넣은 순대 같았습니다. 하지만 한 가지 분명하게 부각되는 포인트는 기독교에 대한 거부감이었습니다. 거친 표현은 사용하지 않았지만, 혐오감은 매우 깊었습니다.

돼지국밥을 비우고 일어서는데 그중 한 남자가 넌지시 물어봅니다.

"혹시 뭐 하시는 양반이신지…."
"목삽니다. 죄송합니다."

두 남자가 갑자기 당황하여 얼굴이 굳어집니다.

"괜찮습니다. 선생님들 말씀 다 옳습니다. 제가 미안해서 한 잔 올린 겁니다."

"어디, 무슨 교횝니까?"
"둔산초등학교 정문 앞에 있는 길위의교횝니다. 언제 한 번 오세요. 우리 교회에 술 잘 드시는 교인들 꽤 있습니다."

춘자 엄니라믄 다 알어

아내의 일터가 신탄진에 있습니다. 아침 출근이 늦어질 땐 내가 차로 데려다줍니다. 일정이 없는 날은 아내를 출근시켜 주고 도서관에 갑니다. 그곳에 새로 지은 석봉도서관이 있어 하루 종일 문자에 눈알을 빠뜨리고 곰국을 끓일 수 있습니다. 점심이 되면 빠뜨린 눈알을 다시 주워 들고 근처 식당에 갑니다. 갈 때마다 다른 식당을 찾아다닙니다. 어느 날 '수구레국밥'이라는 간판 밑으로 머리를 들이밉니다. 내 낯을 보지도 않고 아줌마가 다짜고짜 큰 소리로 소리치듯 말을 던집니다.

"몇 명이에요?"

나는 말없이 손가락 하나를 펼쳐 보입니다. 유리벽에 붙여 놓은 테이블에 혼자 앉으라고 아줌마가 날 안내합니다. 의자를 끌어다 앉습니다. 통유리 너머로 '석봉경로당'이라고 쓴 현판이 보입니다. 오래된 변두리 골목에 꽤 세련되고 정갈한 식당입니다. 가끔은 거북이처럼 목주름이 깊은 경로당 할머니들도 여기 일인용 식탁에 앉는가 봅니다. 국밥이 너무 맛있어서 공깃밥 하나를 더 시키려고 아줌마를 부릅니다.

"아줌마, 여기 공깃밥 하나 더요."

그때 옆에서 혼자 국밥을 먹던 할머니가 탁자를 툭툭 두드리며 나에게 말을 겁니다.

"나 이거 다 못 먹는디, 조금 덜어가셔. 애먼 돈 쓰지 말구. 이쪽으루다가 퍼가, 거기 손 안 댄 딩게."

나는 감사의 표시로 늙은 호박 같은 미소를 따뜻하게 보내며 점잖고 조신하게 밥을 퍼왔습니다. 그리고 먼저 일어나 할머니의 밥값을 함께 계산했습니다. 눈치 빠른 할머니가 손사래를 치며 나를 붙잡는 바람에 촌극이 벌어졌습니다. 내가 이겼습니다. 할머니는 끝내 나를 의자에 주저앉혔습니다. 그리고 노인 특유의 장광설이 이어졌습니다. 이야기는 꼬리를 물고 할머니의 딸을 향해 갔습니다. 할머니의 앙큼한 속내를 들여다볼 때까지 나는 내가 얼마나 순진한 사람인지 몰랐습니다.

"갸가 돈은 읎어두 생긴 건 그래두 갠찮여~. 이 동네선 인물 아깝다고 다들 한마디씩 햐, 슨상은 나이가 워떻게 되야?"
"얼마나 돼 보여요?"
"에구, 나이가 무슨 상관여. 먹고살 만하면 되얏지."
"제가 먹고살 만해 보이세요?"
"첨 본 늙은이 밥값 내주는 거 본 게 읎는 냥반은 아니구먼. 우리 갸가 흠이 있어 갈라슨 건 아녀. 달리 생각은 말어."
"저 옛날에 장개갔어요."
"아적도 살어, 같이?"
"그럼요."
"(혼잣말로 구시렁거리듯) 요새 멀쩡한 집도 다 있네."

할머니의 말은 뼈를 고아 만든 곰국처럼 진합니다. 파국을 맞은 자식의 아픈 살점을 싸매 줄 누군가를 애타게 찾는 어머니의 뒷모습이 곰국 같습니다. 할머니는 보행기를 밀고 조심조심 걷다가 비닐봉지에 붉은 살점 한 덩이 넣어 휙 집어던지듯, 한마디 던집니다.

"혹시 집이 먼 일 있으믄 나한티 연락 햐. 여기 석봉경로당 와서 춘자 엄니 찾으믄 다 알어!"

나의 애정은행, 성갑순 할머니

모르는 여인에게 전화가 왔습니다. 자신은 영동에 있는 요양원의 원장이며 순복음교회 권사라고 소개합니다. 그러면서 익숙한 이름을 불쑥 꺼내 듭니다. "성갑순 할머니 아시지요? 아니, 그 할머니가 글쎄 눈만 뜨면 목사님 얘기를 하시네요. 휴대폰에도 1번이 아들이나 딸인 줄 알았더니 목사님 번호네요." 그녀의 요청은 한 번 면회를 왔으면 하는 거였는데 그 얘기를 내가 부담 느끼지 않도록 돌려서 말하고 있었습니다.

성갑순 할머니는 내가 영동의 시골교회에서 목회할 때 처음 교회 나오신 분입니다. 그녀와 몇몇 할머니들이 함께 교회에 나왔습니다. 그런데 교회에 나오기 시작한 할머니들은 마을 사찰에 모셔져 있는 자기 영감과 시어른들의 위패를 회수해서 폐기하고 제사를 없애 버렸다고 합니다. 내가 그렇게 하라고 시킨 것도 아닌데 약속이나 한 듯이 노인들이 다 그렇게 했다는 말을 노인정에 가서 들었습니다. 절에서 제사 대신 지내 주고 위패 하나당 얼마씩을 받았으니 주지 스님은 나 때문에 손해를 보았다고 생각한 모양입니다. 오가다 만날 때마다 교회는 잘 되시냐고 넌지시 물어보던 것이, 동종업계 종사

자로서의 동병상련에서 나온 말이 아니라 '당신이 우리 고객을 빼 가고 있다'는 암시였던 것입니다. 나는 한 번도 교회 나오시라고 권유한 적도 없고 제사를 폐하라고 한 적도 없는데 할머니들이 그렇게 했다는 데 많이 놀랐습니다.

나는 할머니들을 위한 한글학교를 열고 한글과 숫자를 알려드렸습니다. 그리고 숫자와 덧셈, 뺄셈을 알려드리고 전화 거는 법과 시내버스 번호를 보고 타는 법을 알려 드렸습니다. 그중 제일가는 우등생이 성갑순 할머니였습니다. 그는 영특하고 바지런한 데다 명랑한 천품을 가진 분입니다. 다른 이들보다 공부가 앞서서 성서 필사를 시켰는데 글씨는 또 얼마나 이쁘게 또박또박 잘 쓰시는지, 일 년도 안 되어 성서 한 권을 거의 다 필사하셨습니다. "국민핵교 문턱에도 몬 가바서 눈뜬장님맹키로 살었는데 목사님이 내 눈을 떠 줘서 월매나 고매운지 몰라요, 아이고~"

나는 할머니들에게 교회의 직함을 주지 않았습니다. 한 사람의 자연인, 가장 순수하고 아름다운 한 사람에게 제도 종교의 직제에 따라 직함을 부여하고 싶지 않았습니다. 그냥 아름다운 사람으로 바라보고 싶었습니다. 그들은 나에게 교인이나 성도, 집사 따위로 부르기엔 너무 아름답고 소중한 사람들이었습니다. 한 사람에게서 여인의 느낌과 어머니의 느낌, 친구의 느낌, 할머니의 느낌, 어른의 느낌, 여리고 순박한 소녀의 느낌 등, 복합적인 감정을 선물한 것은 그 할머니들이었습니다. 그중 특히 성갑순 할머니는 자식들에게 받은 용돈을 꼬깃꼬깃 꼬불쳐 뒀다가 나에게 생활비 하라고 눈을 찔끔 감으며 찔러 주시곤 했습니다. 교회에서 받는 내 생활비가 당신이 자식들에게 받는 용돈의 반의반도 안 된다는 사실에 늘 가슴 아파했습니다. "고래 가지고 워떠케 살아요, 목사님, 아유~" 하면서 만날 때마다 안쓰러워 생마늘처럼 아린 눈빛으로 나를 보곤 했습니다.

요양원에서 만난 우리는 서로를 얼싸안고 펄쩍펄쩍 뛰었습니다. 후임 목사님에게 방해될까 봐 일부러 연락도 안 하고 살았습니다. 요양원에 계시니 교회와 거리가 멀어져 이젠 찾아가도 되겠다 싶어 그제야 갔는데, 할머니를 만나고 나니 내가 죄를 지은 것 같았습니다. 목회가 뭐라고 사람의 인연까지 이렇게 잔인하게 끊고 살았나 싶어 교회니, 목사니 하는 이런 짓거리에 환멸감이 들었습니다. 사람보다 더 중한 것이 교회인가. 사람보다 더 중한 것이 목회인가. '중한 것이 뭔디, 이런 제기랄~'이란 말이 목구멍에서 불쑥 올라왔습니다.

할머니는 치매가 와서 기억들이 얼키설키 꼬여 있었습니다. 친정아버지와 어머니의 이름을 잊지 않기 위해 종이 쪼가리에 적어 놓고 그것이 너덜거리도록 간직하고 계셨습니다. 그리고 작고 낡은 수첩에 일상에 필요한 전화번호들이 떠듬떠듬 적혀 있었습니다. 수첩의 맨 앞 페이지에 내 전화번호가 적혀 있었습니다. 그리고 다음 페이지에 첫째 아들, 큰딸로 이어지는 전화번호들이 늦깎이로 배운 글쓰기 솜씨로 또박또박 적혀 있었습니다. 그리고 우리가 함께했던 아름다운 추억들도 그의 기억 속에 또박또박 이쁜 글씨체로 남아 있었습니다. 목구멍이 뜨거워지고 눈물이 났습니다.

그런데 아까부터 자꾸 손지갑을 만지작거리시는 게 수상합니다. 기어이 지갑에 있는 돈 모두를 꺼내서 내 손에 꼭 쥐여 줍니다. 이것이 그의 전 재산이라는 걸 단박에 알아차렸습니다. 완강하게 거절했습니다. 그가 요양원에서 돈 쓸 일이 없는 줄은 알지만 쓸 데 없는 돈이라도 지갑에 몇 푼 있을 때 심리적으로 위안을 얻을 수 있기 때문에 그것은 내가 받아서는 안 될 일이었습니다. 할머니와 실갱이를 하다가 갑자기 꽃봉오리가 화악 피어나는 기쁨이 찾아왔습니다. 할머니가 쥐여 준 돈을 들여다보고서야 말입니다. 그것이 한국은행에서 발행한 진폐가 아니라 애정은행에서 발행한 모조 지폐라는 걸. 나에겐 모조 지폐지만 그에겐 진짜 돈이었습니다. 그것으로 가다가 밥이라도 한 끼 사드시라고 내 손에 쥐여 주시는 손에서 인간의 마지막 체온을 느꼈습니다. 자신의 전 재산을 물려주고 싶은, 나는 당신의 아들이며 친구였던 것입니다. '애정은행', 그렇습니다, 성갑순 할머니는 나의 애정은행이고 나는 그의 애정은행이었습니다.

교회 사람들은 왜 서울 순대만 좋아할까?

야, 이런 걸 어떻게 먹냐? 나름 성의를 다해 의미 있는 음식을 대접하는 나에게 친구가 한 말이었습니다. 군대를 막 제대하고 난 뒤 군대 동기가 찾아온다는 소식을 듣고 대전역에 마중 나갔습니다. 대전역 앞 중앙시장에 가면 시장통 바닥에 앉아 잔술과 순대를 파는 할머니들이 있습니다. 그땐 거기가 대전의 명물 코너였습니다. 가짜 순대가 아니라 돼지의 창자에 선지와 채소를 넣은 진짜 순대를 파는 곳이었습니다.

시중에 파는 순대는 거의가 '식용 비닐'이라 불리는 콜라겐 케이싱으로 만들어진 유사 순대입니다. 나는 그 유사 순대를 먹을 때 마지막까지 분해되지 않고 입안에 비닐처럼 씹히는 느낌이 싫습니다. 그래서 먹지 않습니다. 고무줄 같은 당면으로 꽉 채워진 그것들은 내가 이 세상에 태어나 최초로 경험한 가짜입니다. 나에겐 어릴 적 동네에서 아저씨들이 떠들썩하게 모여 돼지를 잡고 내장을 분해하여 선지와 채소를 넣고 끓인 것이 순대의 오리지널리티였습니다.

순대의 원래 맛을 선물하고 싶었던 나의 의도는 실패하고 말았습니다. 그 친구는 자기가 먹은 순대가 진짜 순대라고 우겼습니다. 그는 서울에서 태어나 서울에서 자라고 서울을 떠나본 적이 없는 친구였습니다. 그러니 자신이 먹었던 유사 순대를 진짜 순대라고 생각할 수밖에 없던 것입니다. 나름 사유할 수 있는 명문대 문과생이었던 그 친구의 세계관에 나는 꽤 충격을 받았습니다. 내가 경험하지 못한 다른 세계가 존재한다는 사실에 대해, 그리고 내가 먹고 있는 음식의 오리지널리티에 대해 인정하지 않는 그의 태도에 많이 놀랐습니다.

더 놀라운 것은 순대가 돼지의 창자로 만들어진다는 사실을 몰랐고, 그것을 인정하지 않는 태도였습니다. 생명을 가진 동물의 창자를 끄집어내 그의 피와 채소를 채워 삶아 낸 것이 순대의 원형이라는 사실을 설명해 주어도 인정하려 하지 않았습니다. 순대는 마치 공산품처럼 인위적인 제조 공정을 거친 식품이라고 생각했습니다. 아니, 그런 식품이어야 한다고 생각하는 듯했습니다. 그렇지 않으면 자기가 그동안 먹었던 순대에 대한 인식과 세계관을 수정해야 했기 때문이었겠지요. 세계관을 바꾸는 게 얼마나 힘든 일이라는 걸 그때 알았습니다.

나는 지금도 가끔 생각합니다. 그 친구가 말한 '서울 순대'라는 것에 대해. 그가 순대의 원형이라고 생각한, 비닐 껍데기 속에 당면이나 찹쌀을 꽉 채운 유사 순대의 사이비성에 대해. 어쩌면 우리는 사이비에 속해 있으면서 그것이 정통이라고 우기고 있는지도 모릅니다. 우리가 처한 시간과 공간, 사회적 형태가 가장 올바르고 정상이라고 생각하고 있는 것입니다. 내 안에 잠재된 사이비성을 정상성이라고 굳게 믿고 있는 것이지요. 올바름, 타당함, 정상, 주체, 정통 같은 말들은 그름, 부당함, 비정상, 객체, 이단 같은 말들의 대립 항입니다. 전자는 후자를 기반으로 성립합니다. 후자에 대한 부정을 통해 정상성을 취득합니다. 유사 순대가 진짜 순대를 부정하는 것처럼.

태어날 때부터 기독교 신앙을 갖고 살아온 사람을 교회에서는 모태신앙인이라고 말합니다. 모태신앙이란 신앙의 뿌리가 정통 기독교에 속해 있다는 뜻입니다. 기독교 신앙의 순혈성을 인증하는 말입니다. 그런데 기독교의 울타리를 한 번도 떠나 보지 않은 사람이 알고 있는 기독교 신앙이라는 게 정말 정상성을 갖는지 반문해 봅니다. 한 번도 교회의 울타리를 벗어나서 사유해 보지 않은 신앙이 정상성을 갖는지 말입니다. 기독교 신앙을 가진 부모님에게서 태어나 기껏해야 육칠십 년 정도 살아온 신앙이 2천 년 전의 예수가 요구한 그 신앙과 부합할 수 있는지 말입니다. 적어도 예수와 나 사이엔 2천 년의 시간 간격이 있고 그 사이에 수많은 교회사적 사건과 정치적 이벤트가 얽히면서 성서 해석과 이해, 그리고 교리적 변천이 있었습니다. 지금 내 믿음이 옳다고 확신하는 것이 모태로부터 왔기 때문에 정상이라고 믿는 것은 유전학의 패러다임입니다.

우리는 서울 순대를 먹으면서 돼지를 생각하지 않습니다. 새끼에게 젖을 물리고 구정물에 주둥이를 처박고 게걸스레 밥을 먹으며 똥오줌을 싸는, 살아서 꿀꿀대는 돼지를 생각하지 않습니다. 우리가 먹는 것에 생명에 대한 윤리나 감정 따위는 없어야 하니까요. 그런 생각을 하면서 순대를 먹을 순 없겠지요. 순대는 순대일 뿐 그 무엇도 아니어야 한다는 간편한 사유, 그것이 우리의 신앙은 아닌지 생각해 봅니다.

한 번도 서울을 떠나서 살아본 적 없는 사람이 서울에서만 먹어본 순대가 순대의 원형이라고 생각하는 것처럼, 한 번도 교회를 벗어나서 사유해 보지 않은 사람이 생각하는 예수가 과연 2천 년 전 우리에게 복음을 전해 준 예수가 맞는지 돌아봅니다. 교회가 서울 순대처럼 세련되고 간편한 음식만 탐하다 보니 교회 사람들은 서울 순대만 좋아합니다.

네안데르탈인의 하나님

최초의 인류는 세계(신)와 자신을 분리합니다. 이것을 성경은 '죄(원죄)'라 합니다. 선악과는 최초의 인간 아담이 자신을 창조한 세계(신)와의 일체성을 깨 버리고 선과 악이라는 이분법적 대립 관계로 분리된, 분열적 세계관에 대한 메타포입니다. 그 분열은 카인으로 이어집니다. 시기와 질투 때문에 형제를 살해한 카인의 내면에 아버지 아담의 대립적 세계관이 유전된 것입니다. 나와 타자로 세계를 분리해 볼 때 우열 의식이 생기고 시기와 질투가 생깁니다. 성서는 이것을 인간이 자멸의 길을 가게 되는 죄의 문제라고 말합니다.

이 분열증적 자아는 유전되며 인류를 타락시킵니다. 지구를 중심으로 우주가 운동한다는 천동설이 사라지지 않고 우리의 세계관에 그대로 유전되고 있는 것입니다. 내가 세계의 중심이고 주인이라는 생각은 끊임없이 세계와 동류 인간을 타자로 설정하고 분리하고 파괴해 왔습니다. 타민족에 대한 배타심으로 유명한 유대인들은 자기 부족 이외의 사람을 이방인이라 불렀습니다. 인신 제사를 드렸던 아즈텍 사람들은 정복 전쟁을 벌여 이웃 부족을 인신 제물로 포획했습니다. 히틀러는 아리안 혈통의 인종적 우월성을 내세워 유대인을 학살했습니다.

이 모든 과정이 자기를 중심으로 환경을 재구성하려는 의지 때문입니다. 인테리어 하듯이 이 세계와 주변 환경을 자기에게 맞추어야만 안정되고 편리한 삶을 살 수 있다는 본능적 감각이 세계를 자기중심으로 바꾸는 것입니다. 나와 다른 것을 못 견뎌 하는 본능적 습성이 타자를 나와 같게 만들거나 나의 힘에 굴복시켜 지배하려는 것입니다.

진화생물학의 관점에서 인간을 보면 이러한 이기적 특성이 더 잘 드러납니다. 현존하는 인간을 호모 사피엔스라고 부르는 것은 우리 말고 다른 종의 인류가 더 존재하고 있었다는 뜻입니다. 우리가 세계사 시간에 배웠던 인간의 다른 이름들, 오스트랄로피테쿠스, 호모 에렉투스, 호모 하빌리, 크로마뇽인, 네안데르탈인들은 마치 백인종, 흑인종, 황인종처럼 다른 종류의 인간들이었습니다. '우리'라고 부르는 사피엔스는 네안데르탈인과 7천 년을 교류하며 동시대를 산 것으로 추정됩니다. 사피엔스와 교류하며 경쟁하던 네안데르탈인이 사라진 이유는 다양성을 싫어하고 자기중심의 획일적인 세계관을 가진 사피엔스의 특성이 그들을 멸종시켰기 때문이라고 최재천 교수는 말합니다.

우리는 자기가 불편한 걸 못 견뎌 하는 종족입니다. 모기, 바퀴벌레, 쥐 같은 것은 물론 생존을 위해 면역학적으로 불리한 생물들을 타자화시켜 박멸하는 것으로 진화(?)되어 왔습니다. 이런 과정을 통해 성장한 사피엔스는 경쟁에서 승리하는 것을 종(種)의 우월성으로 생각하게 되었습니다. 그래서 이 세계를 힘으로 지배하는 것이 우월하다고 보는 겁니다. 이런 세계관은 몬산토나 바이엘 같은 다국적 기업이 식물의 유전자를 조작해서 시장을 장악하는 데까지 이어집니다. 이제 세계의 농부들은 이 기업들이 제공하는 씨앗이 아니면 농사를 지을 수 없는 데까지 이르렀습니다.

그런데 이런 장악 의지, 지배 의지, 우월적 세계관이 저지르는 끔찍한 사태가 자본가나 정치, 군사적 권력이 아니라 개인에게서 출현했습니다. 넷플릭스의 다큐 <그 남자에겐 1,000명의 자식이 있다>는 사피엔스의 획일적이고 독점적인 욕망이 이 세계에 얼마나 끔찍한 야만을 행사하는지를 잘 보여 줍니다. 네덜란드에 조너선이라는 30대 청년이 있는데 이 친구는 인터넷을 통해 자기의 정자를 기증합니다. 그런데 자기 정체를 속이고 여러 개의 가명으로 같은 도시의 많은 사람에게 정자를 기증합니다. 그 결과 한 도시 안에 120명이 넘는 조너선의 자녀가 태어나게 됩니다. 그런데 조너선은 여기에 그치지 않고 네덜란드 전역에 자기 정자를 기증하고 세계여러 나라의 정자은행에도 정자를 기증한 것으로 밝혀졌습니다. 심지어 조너선과 같이 정자를 기증하는 다른 청년과 서로의 정자를 섞어 기증하며 누구의 정자가 더 센가를 시험하는 놀이까지 벌입니다.

이 사실을 알게 된 아이의 부모들은 경악합니다. 세계 여러 나라에서 추적한 결과 공식적으로 밝혀진 조너선의 아이는 600명이었습니다. 하지만 이것은 조너선이 밝힌 숫자에 불과하고 실제로는 3,000명의 조너선의 아이가 태어난 것으로 추정합니다. 세계의 정자은행들은 정자 기증을 제한하거나 윤리적 문제를 다루지 않습니다. 이미 거대한 비즈니스가 되어 버렸기 때문입니다. 건장하고 키 큰 금발의 백인 남성 사진 한 장만으로 마치 자기 아이를 그런 남자로 만들고 싶어 하는 여자(부부)들이 조너선의 정자를 아무 의심 없이 선택한 결과입니다. 마치 반려동물을 분양받듯이 아무것도 모르는 남자의 인터넷 사진 몇 장을 보고 정자를 기증받아 수정시킨 것입니다.

다큐의 클로징 자막에 조너선과 같은 정자 기증자인 앤서니 그린필드의 말이 나옵니다. "나는 네덜란드와 벨기에와 태국, 베트남, 필리핀, 케냐, 우간다에서 정자를 기증했다. 하지만 내 강력한 하얀 씨앗으로 더 많은 나라가 식민지화될 것이다." 전 세계에 자기의 정자를 퍼뜨려 유전적 식민지로 만들고 싶어 하는 이 청년들의 행위가 특별한 인간만의 미친 짓일까요? 아닙니다. 사피엔스는 지금까지 이런 방식으로 세계와 자연을 정복해 왔습니다. 심지어는 자신이 믿는 신조차도 자신의 관점에서 벗어나면 이단이라는 이름으로 처단하고 오직 하나의 관점만 받아들이도록 사람들의 영혼을 지배해 왔습니다. 우리가 믿는 하나님은 사피엔스의 하나님일 뿐입니다.

나는 가끔 네안데르탈인의 하나님을 상상합니다. 우리

가 멸종시킨 형제들은 하나님을 어떻게 바라보고 소통했을까? 우리만이 하나님을 독점적으로 소유할 수 있다는 강박에서 벗어나면 사피엔스의 하나님을 넘어 네안데르탈인의 하나님을 볼 수 있습니다. 하나님은 얼마나 다양한 모습으로 우주 가운데 운동하고 계시는가, 상상하는 것만으로도 마음이 풍성합니다.

하나님이라는 괴물

그가 붙잡혔습니다. 유대인을 대량 학살한 천인공노할 전범 아이히만이 아르헨티나에서 신분 세탁을 하고 숨어 살다가 붙잡혔습니다. 예루살렘 전범재판소에서 아이히만의 재판을 지켜본 한나 아렌트는 재판의 과정을 기록합니다. 『예루살렘의 아이히만』은 그 재판 과정의 기록입니다. 아렌트의 기록에서 아이히만은 자신이 무죄라고 주장합니다.

무죄 주장의 첫 번째 근거는 재판의 절차가 잘못됐다는 것입니다. 절차상의 문제를 크게 요약하면 세 가지입니다. 첫째, 엄연한 주권 국가인 아르헨티나에 이스라엘의 정보기관인 모사드가 잠입하여 적법한 절차 없이 납치했으니 위법이라는 것입니다. 둘째, 법률불소급 원칙입니다. '나치 협력자 처벌법'은 1950년에 제정됐는데 아이히만의 학살 행위는 1945년 이전 일이기 때문에 이를 소급하여 적용하는 것은 불법이라는 것입니다. 셋째, 관할권 문제입니다. 자신이 범죄를 저지를 때는 이스라엘이라는 나라는 존재하지도 않았기 때문에 2차대전 이후에 성립된 이스라엘 국가에서 자신을 재판할 관할권이 없다는 것입니다.

이럴 때 많은 똑똑이가 형식적인 법 논리에 매몰되어

절차의 적법성과 위법성을 가지고 갑론을박하며 다투게 됩니다. 사기꾼들, 특히 도덕적인 불감증에 빠진 가짜 지식인들이 자신의 전문 지식을 들고 나와 형식논리를 따지고 그것을 평가하는 데 시간과 에너지를 쏟아붓습니다. 자신들만의 전문용어를 수사학적으로 화려하게 포장하여 떠들면 타락한 언론은 그것을 기계적 중립성의 프레임 안에 진열하고 홍보해 줍니다. 그러면 대중은 그 수사학적 세련됨과 전문용어의 미학에 도취하여 생각을 빼앗깁니다. 이때부터 논점이 흐려지고 본질이 왜곡되기 시작합니다.

아이히만의 무죄 주장의 근거는 바로 이런 전략에서 나온 것이었습니다. 하지만 이를 명쾌하게 정리한 하나의 원칙이 있었습니다. 인류에 대한 혐오와 학살은 범죄의 장소나 범죄자의 국적과 관계없이 처벌해야 한다는 것이며, 따라서 모든 국가가 재판의 관할권을 가질 수 있다는 것입니다. 절차와 형식을 따지는 법률 논쟁 너머 인간과 인류에 대한 보편 논리와 원칙을 우선 바라본 것입니다. 그것은 법률적 형식을 따져 본질을 흐리고 범죄 사실을 은폐하려는 범죄자들의 논리를 쾌도난마로 잘라 버린 것입니다.

12·3 내란 이후 윤석열 대통령의 탄핵과 체포 과정에서 국민의힘 의원들이 내세웠던 절차의 위법성과 법률 논쟁은 아이히만이 자신의 무죄를 주장했던 방식과 똑같았습니다. 법 적용의 절차와 적용의 적법성 등의 문제를 내세워 논점을 흐리고 내란과 외환이라는 엄청난 범죄 사실을 은폐하

려 했습니다. 그럴 때 우리가 아이히만의 전범재판에서 배워야 할 하나의 사실은 모든 법적 논리를 뛰어넘는 하나의 중요한 원칙, 그것을 또렷하게 바라보는 것입니다. 자질구레한 법리 논쟁을 쾌도난마로 끊어낼 수 있는 원칙이 헌법에 명시되어 있습니다. 그 시점에서 우리는 헌법을 보면 됐습니다. 헌법재판소에서 윤석열 대통령의 헌법 위반 사실만 따지겠다고 주장했던 것은 그런 뜻입니다. 그것이 헌법재판소가 할 일이기 때문입니다. 헌법재판소는 국가의 체계를 구성하는 기본적이고 본질적인 가치와 정신인 헌법을 해석하고 수호하기 위한 기관이기 때문입니다.

교회가 하나님을 섬기는 이치와 원리도 이와 같습니다. 하나님이라는 인격신의 절대성이 강조되는 것은 하나님이 초월적 지배자라서만이 아닙니다. 하나님은 세계와 인간을 규정하는 하나의 중심 원리이기 때문에 우리가 그의 말씀을 따르고 인격적으로 만나고자 노력하는 것입니다. 하나님은 초월적 전능자이면서 동시에 세계와 인간 가운데 깊이 내재하여 역사하는, 세계와 인간의 존재 원리입니다. 그래서 우리는 무엇을 해야 하는가, 어떻게 살아야 하는가, 이것인가 저것인가 등과 같은 삶의 본질적인 문제 앞에서 성서를 읽는 것입니다.

"나 외에는 다른 신을 섬기지 말라"는 십계명의 제1계명은 인간 사회의 근본 원리와 존재의 대원칙을 세운 것입니다. 잡다한 논리로 근본 원리와 가치를 훼손하지 말라는 뜻입니다. 이는 신을 위해 복종하는 노예의 의무가 아니라, 삶의 대원칙을 지키며 살아가는 자유 시민을 위한 정언명령입니다. 십계명의 다른 아홉 계명도 인간의 자유와 삶에 관한 것들입니다. 인간에게 자신만을 숭배하라고 강박적으로 요구하는 게 아니라, 인간을 노예적 삶으로부터 해방시켜 자유롭고 평화롭게 살게 하려는 대원칙을 제시한 것입니다. 그래서 하나님은 인간의 얼굴을 하고 계신 것입니다.

하지만 이런 원리가 무시되고 자기 이익을 위해 하나님을 믿게 되면 그들이 믿는 하나님의 이름으로 폭력과 범죄가 발생하고, 그것을 정당화하는 논리로 하나님을 내세우게 됩니다. 그들의 하나님은 중요한 역사적 순간에 어떤 원칙도 원리도 제시하지 못하는 무능한 하나님입니다. 종교의례를 위해 불려 나온 우상에 불과합니다. 원칙과 원리를 배반하고 불법과 폭력을 행하는 자들의 하나님, 그들의 하나님은 하나님이라는 괴물일 수 있습니다.

네가 왕이냐?

사람이라는 동물이 있습니다. 그런데 그 동물이 훈련되지 못하여 인격성이 없고 지성과 교양을 잃을 때 짐승이라고 부릅니다. 사람은 생물학적으로 동물에 속하지만, 짐승에 속할 때도 있습니다. 동물이란 말은 생물학적 분류에 대한 지시어이고 짐승이란 말은 인격적 분류에 대한 지시어입니다. 사도 요한은 요한계시록에서 로마의 황제 권력을 짐승(θηριον)에 빗대어 말합니다. "내가 보매 청황색 말이 나오는데 그 탄 자의 이름은 사망이니 음부가 그 뒤를 따르더라. 그들이 땅 사분의 일의 권세를 얻어 검과 흉년과 사망과 땅의 짐승들로써 죽이더라"(요한계시록 6장 8절)라는 구절에서 강력한 군사력으로 살상과 파괴와 약탈을 일삼는 제국 권력을 짐승의 야만성으로 묘사합니다. 사람이 가진 힘에서 인격과 지성을 빼면 짐승의 야만성이 남습니다.

교만이라는 짐승이 있습니다. 인격과 지성이 사라진 자리에 '나'만 남게 되면 사람이 짐승이 됩니다. 교만은 사람의 어떤 특수한 성향이나 태도가 아니라 자기를 세계의 중심으로 놓는 것입니다. 내가 세상의 주인공이 되고, 내가 세상의 중심이 되고, 내가 세상 가치판단의 기준이 되는 게 교만입니다. 다윗은 위대한 믿음의 선진이었습니다. 성서에서 그는 왕으로서의 권위보다 하나님이 택한 사람으로서의 믿음의 신실함에 초점이 맞추어져 있습니다. 다윗을 다윗 되게 한 것은 왕으로서가 아니라 믿음의 사람으로서입니다. 하지만 그런 다윗조차도 교만이라는 짐승이 몇 번 찾아옵니다.

역대상 16장 27절에 다윗의 고백이 나옵니다. 법궤를 다윗성으로 옮기고 난 후 제일 먼저 찬양단장 아삽을 시켜 곡을 만들어 부르게 한 노래 중 한 소절입니다. "존귀와 위엄이 그의 앞에 있으며 능력과 즐거움이 그의 처소에 있도다." 그런데 여기서 '존귀와 위엄', '능력과 즐거움'은 권력으로부터 파생되는 것입니다. 여기서 즐거움이란 권력자에게 부가되는 영광과 그로부터 파생되는 쾌감을 말합니다. 다윗은 왕이 된 후에 권력자를 중심으로 질서가 이루어진 왕궁에서 자신의 존귀와 위엄, 능력과 즐거움을 확인합니다. 그 권력을 강화하기 위해 정치적인 책략을 모색합니다. 법궤 이전입니다. 그것이 역대상 13장에 나오는 법궤 이전 실패 사건입니다.

다윗이 왕으로 취임하고 한 일이 기럇여아림에 있는 하나님의 법궤를 자신의 성으로 모셔 오는 일이었습니다. 그것은 거룩한 믿음의 행위처럼 보였지만, 다윗 자신의 권력을 강화하기 위한 하나의 정치 퍼포먼스였습니다. 법궤를 자신의 성에 둠으로써 종교권력과 정치권력을 동시에 장악하여 왕권을 강화할 목적이었습니다. 그래서 법궤를 옮기는 퍼포먼스에 온 나라 백성을 다 불러 모았습니다. 하지만 온 백성이 지켜보는 가운데 법궤 이전은 실패하고 말았습니다. 법궤가 수레에서 떨어지는 사건으로 인해 법궤 이전은 정지되었고, 다윗의 권위는 땅바닥에 내동댕이쳐졌습니다. 심지어 하나님과 다윗의 관계가 의심받기까지 했습니다.

그 후 다윗은 다시 법궤를 자신의 성으로 모시고 올 계획을 세우고 이를 성공합니다. 그때 불렀던 찬양시가 역대상 16장 27절 "존귀와 위엄이 그의 앞에 있으며 능력과 즐거움이 그의 처소에 있도다."입니다. 다윗이 법궤 이전에 실패할 때의 마음엔 교만이라는 짐승이 있었습니다. 그 짐승은 다윗의 마음에서 이렇게 노래했을 것입니다. '존귀와 위엄이 왕의 앞에 있으며 능력과 즐거움이 왕의 처소에 있도다' 왕이 된 다윗의 무의식 가운데 짐승의 노래가 불리고 있었던 것입니다.

짐승은 세계의 근본과 질서를 파괴하고 자기 본능에 충실합니다. 권력이란 그런 것입니다. 그래서 요한은 요한계시록에서 로마의 황제를 짐승으로 비유한 것입니다. 다윗이 자신의 권력을 위해 하나님의 법궤를 옮기는 거룩한 믿음의 행위로 위장한 퍼포먼스를 벌일 때, 거기에 짐승의 야수성이 숨어 있었습니다. 하나님은 그 짐승을 땅바닥에 짓밟았습니다. 다윗은 그때 보았고 깨달았습니다. 자기 안에 있는 짐승의 모습을. 그래서 역대상 16장의 다윗의 고백과 찬양은 귀합니다. 자기 안에 있는 짐승의 모습을 보고 깨달은 사람의 마음입니다. 세계의 근본은 무엇인가, 이 세계의 질서는 무엇으로부터 시작되는가, 존귀와 위엄은 세속권력이 아니라 우주의 지평 가운데 편만한 그 분의 숨결에 있다는 고백입니다.

그래서 다윗은 시편 8편에서 이렇게 고백합니다. "사람이 무엇이기에 주께서 그를 생각하시며 인자가 무엇이기에 주께서 그를 돌보시나이까" 이 구절은 실존적으로 "나는 누구입니까?"라는 질문과 "나는 세상의 중심도 아니고 가치판단의 기준도 아닙니다."라는 답변이 내재해 있습니다.

어쩌면 인간은 지구에 세 들어 사는 미생물에 불과합니다. 그런데 그 미생물에 불과한 인간이 절대자처럼 행세하며 지구를 폐허로 만들고 있습니다. '인간'이라는 존재의 가치를 너무 절대화시켰기 때문입니다. 이 지구에서 인간은 권력의 화신이 되어 버렸습니다.

사람을 긍정의 대상으로 보고 사람의 이성(理性)을 존엄의 영역에서 바라보기 시작한 근대의 세계관은 탁월한 변화였습니다. 하지만 그것이 한계선을 넘어 버렸을 때 사람은 짐승이 되어 버렸습니다. 현대인들은 과학과 기술로 인간이 무엇이든 할 수 있다고 생각합니다. 그러므로 하나님 따위는 필요 없게 된 것입니다. 사람만이 절대선(絶對善)이고 사람이 우선인 세계에서 개인의 권리를 최고의 가치로 여기는 풍조가 생겼습니다. 그 때문에 이 세계는 방향과 질서를 잃고 말았습니다.

'우리의 하나님'은 '나의 하나님'으로, 사회적 정의와 공의를 말씀한 하나님은 영혼의 구원을 위한 하나님으로 축

소되고 왜곡됐습니다. 우주와 온 생명에 호흡을 불어넣으시고 자비와 은총을 베푸시는 절대자가 아니라 나의 기도를 들어주고 내 인생의 성공을 위한 조력자로 바뀐 것입니다. 하나님을 옹춘마니로 만들어 버린 것입니다. 사람이 세계의 중심이 됐기 때문입니다.

"존귀와 위엄이 그의 앞에 있으며 능력과 즐거움이 그의 처소에 있도다."라는 다윗의 고백은 교만으로 실패한 뒤 바뀐 다윗의 세계관의 표현입니다. 존귀와 위엄은 나에게 있지 않으며 인생을 살아갈 능력과 행복의 조건도 나에게 있지 않다는 고백입니다. 그 모든 게 절대자의 질서 안에 있다는 것입니다. 짐승의 세계관에서 하나님의 세계관으로 변화하는 걸 회개라 합니다. 이 세계가 이토록 뜨거운 이유는 내가 왕이라고 외치는 사람들로 가득하기 때문입니다.

하나님이 다윗에게 이렇게 물었을 것입니다. "네가 왕이냐?" 다윗은 실패와 절망을 겪고 난 뒤 이렇게 답합니다. "아닙니다, 하나님이 왕이십니다." 오늘 다윗의 고백을 통해 하나님은 우리에게 같은 질문을 하십니다.

네가 왕이냐?

삶은 어떤 맛인가?

죽을 맛이다, 란 말이 있습니다. 너무 힘들어서 견디기 어렵다는 뜻의 관용어입니다. 힘들고 어려운 상황이나 상태를 죽음의 극단으로 밀고 가서 그것을 맛에 비유한 것입니다. 죽음이 어떤 것인지 삶의 극단에 매달려 쓴맛을 보지 않은 사람은 알 수 없습니다.

'죽을 맛'과 반대되는 말이 '살맛'입니다. 세상을 살아가는 재미를 느낄 때 '살맛 난다'고 합니다. 살맛 나는 세상 이야기를, 요리를 통해 아름답고 풍성하게 보여 주는 영화가 있습니다. 에릭 베스나드 감독의 <딜리셔스 : 프렌치 레스토랑의 시작>입니다. 18세기 프랑스 귀족의 저택에서 요리사로 일하던 망스롱은 어느 날 해고됩니다. 사치와 허세에 찌든 귀족들의 맛에 대한 편견이 최고의 요리사 망스롱을 조롱하고 내쫓은 것입니다. 그는 가난한 시골의 고향집에 돌아가 역참(주막)을 열고 오가는 이들에게 음식을 팝니다.

망스롱을 내쫓은 샹포르 공작은 그의 요리를 그리워하지만, 귀족의 오만함으로 그에게 모욕감만을 안겨 줍니다. 망스롱은 공작에게 복수를 하게 되는데, 멋진 요리를 해서 샹포르 공작을 초대합니다. 하지만 그 자리에 마을 사람들도 다

초대합니다. 공작은 자기 신분과 어울리지 않는 평민들과 한 자리에 초대되어 같은 음식을 먹게 된 사실을 알고 수치심을 느끼고 복수를 다짐합니다. 하지만 영화는 그것으로 끝이 납니다. 그런데 영화의 클로징 멘트로 "그 후 며칠이 지나고 바스티유가 함락되었다."라는 자막이 뜹니다. 프랑스혁명을 알리는 것입니다.

영화 <딜리셔스>는 맛있는 요리를 맘껏 즐길 수 있는 특권을 가진 귀족을 한 요리사가 조롱하는 이야기입니다. 그리고 귀족이 향유하던 요리를 많은 평민에게 먹게 하는 이야기입니다. 이 이야기에서 프랑스영화의 아름답고 멋스러운 영상을 보며 치유와 회복을 경험할 수 있습니다. 영상에는 많은 빛이 미장센으로 쓰입니다. 숲 그늘의 어두운 초록빛, 단풍 사이로 쏟아지는 맑은 햇살, 침실을 부드럽게 감싸는 솜이불 같은 측광, 식탁을 품은 따뜻한 불빛, 방금 구워낸 빵처럼 풍만하고 너그러운 빛으로 충만한 요리사의 미소 등, 프랑스혁명을 상징하는 세 가지 색이 자연의 빛과 인공조명이 조화를 이루며 영화의 스토리를 따라다닙니다.

이 영화는 요리 이야기를 하는 것 같지만 사실은 프랑스혁명을 말하고 있습니다. 누구나 좋은 요리를 함께 나눌 수 있는 것이 이상사회라는 걸 말하는 것입니다. 그 이상사회가 시작된 것이 프랑스혁명입니다. 근대의 시민혁명은 계급 차별 없이 모든 사람이 좋은 음식을 공평하게 나눌 기회를 얻도록, 사회 체제를 바꾸는 것이었습니다.

예수가 갈릴리의 가난한 사람들과 함께 먹고 마시며 살 맛 나는 인생이 무엇인지 보여 준 것은 정결 예식으로 사람을 주눅 들게 한 유대교에 대한 저항이었습니다. 기독교는 유대교에 대항한 종교혁명의 결과였습니다. 그 혁명을 거부한 자들이 예수를 향해 "먹보요 술주정뱅이이며 세리와 죄인의 친구"라고 조롱했습니다. 맛있는 것을 함께 나누는 즐거움, 그것이 사는 맛입니다. 하지만 입으로만 맛을 느끼는 게 전부는 아닙니다. 사람을 만나는 즐거움, 소통하는 즐거움, 공감하는 즐거움, 지적인 대화를 나누는 즐거움을 맛보는 것이야말로 고급 요리를 먹는 것만큼이나 살맛 나는 일입니다.

요리는 사람이 자연에서 가져온 원재료에 기술을 가하여 먹기 좋은 것으로 재가공하는 과정입니다. 그래서 요리는 원래 자연 상태의 모습에서 새로운 차원으로 변형시킨 결과입니다. 본래의 성질은 가지고 있으되 사람에 의해 다른 재료들과 조화를 이루어, 또 다른 맛으로 거듭나는 것입니다. 사람 살이의 과정도 요리와 같다는 것을 복음서에서 볼 수 있습니다.

예수는 사람들과 단순히 먹을 것만 즐긴 것이 아니라 삶의 새로운 차원을 공유했습니다. 힘 있는 사람에 의해 지배당하는, 지겹고 단순한 삶에서 하나님이 통치하고 다스리는, 하나님 나라를 맛보게 했습니다. 메타노이아(μετάνοια), '회개'라고 번역된 이 말은 현재의 마음 상태를 초월하여 삶을 변화시키라는 명령입니다. 그것은 내 삶을 지배하는 외부의 형식을 깨뜨리고 나가, 새로운 세계를 경험하라는 뜻입니다. 존재를 업그레이드하는 과정에서 맛있는 음식을 맛보듯이 새로운 삶을 경험하라는 것입니다. 기쁨을 경험할 수 있다는 것입니다.